101 CONVERSATIONS IN INTERMEDIATE FRENCH

Short Natural Dialogues to
Boost Your Confidence &
Improve Your Spoken French

by Olly Richards

Edited by Eleonora Calviello & James Granahan

Copyright © 2020 Olly Richards Publishing Ltd.

All rights reserved. No part of this publication may be reproduced, distributed or transmitted in any form or by any means, including photocopying, recording, or other electronic or mechanical methods, without the prior written permission of the publisher, except in the case of brief quotations embodied in critical reviews and certain other non-commercial uses permitted by copyright law. For permission requests, write to the publisher:

>Olly Richards Publishing Ltd.

>olly@storylearning.com

Trademarked names appear throughout this book. Rather than use a trademark symbol with every occurrence of a trademarked name, names are used in an editorial fashion, with no intention of infringement of the respective owner's trademark.

The information in this book is distributed on an "as is" basis, without warranty. Although every precaution has been taken in the preparation of this work, neither the author nor the publisher shall have any liability to any person or entity with respect to any loss or damage caused or alleged to be caused directly or indirectly by the information contained in this book.

101 Conversations in Intermediate French: Short Natural Dialogues to Boost Your Confidence & Improve Your Spoken French

FREE STORYLEARNING® KIT

Discover how to learn foreign languages faster & more effectively through the power of story.

Your free video masterclasses, action guides & handy printouts include:

- A simple six-step process to maximise learning from reading in a foreign language

- How to double your memory for new vocabulary from stories

- Planning worksheet (printable) to learn faster by reading more consistently

- Listening skills masterclass: "How to effortlessly understand audio from stories"

- How to find willing native speakers to practise your language with

To claim your FREE StoryLearning® Kit, visit:

www.storylearning.com/kit

WE DESIGN OUR BOOKS TO BE INSTAGRAMMABLE!

Post a photo of your new book to Instagram

using #storylearning and you'll get an entry

into our monthly book giveaways!

Tag us **@storylearningpress** to make sure we see you!

BOOKS BY OLLY RICHARDS

Olly Richards writes books to help you learn languages through the power of story. Here is a list of all currently available titles:

Short Stories in Danish For Beginners

Short Stories in Dutch For Beginners

Short Stories in English For Beginners

Short Stories in French For Beginners

Short Stories in German For Beginners

Short Stories in Icelandic For Beginners

Short Stories in Italian For Beginners

Short Stories in Norwegian For Beginners

Short Stories in Brazilian Portuguese For Beginners

Short Stories in Russian For Beginners

Short Stories in Spanish For Beginners

Short Stories in Swedish For Beginners

Short Stories in Turkish For Beginners

Short Stories in Arabic for Intermediate Learners

Short Stories in English for Intermediate Learners

Short Stories in Italian for Intermediate Learners

Short Stories in Korean for Intermediate Learners
Short Stories in Spanish for Intermediate Learners

101 Conversations in Simple English
101 Conversations in Simple French
101 Conversations in Simple German
101 Conversations in Simple Italian
101 Conversations in Simple Spanish
101 Conversations in Simple Russian

101 Conversations in Intermediate English
101 Conversations in Intermediate French
101 Conversations in Intermediate German
101 Conversations in Intermediate Italian
101 Conversations in Intermediate Spanish

101 Conversations in Mexican Spanish
101 Conversations in Social Media Spanish
World War II in Simple Spanish

All titles are also available as audiobooks. Just search your favourite store!

For more information visit Olly's author page at:
www.storylearning.com/books

ABOUT THE AUTHOR

Olly Richards is a foreign language expert and teacher. He speaks eight languages and has authored over 30 books. He has appeared in international press, from the BBC and the Independent to El País and Gulf News. He has featured in language documentaries and authored language courses for the Open University.

Olly started learning his first foreign language at the age of 19, when he bought a one-way ticket to Paris. With no exposure to languages growing up, and no natural talent for languages, Olly had to figure out how to learn French from scratch. Twenty years later, Olly has studied languages from around the world and is considered an expert in the field.

Through his books and website, StoryLearning.com, Olly is known for teaching languages through the power of story – including the book you are holding in your hands right now!

You can find out more about Olly, including a library of free training, at his website:

www.storylearning.com

CONTENTS

Introduction xv
How to Use this Book xvii
The Five-Step Reading Process xxiii
Le Secret de la Peinture 1
Character Profiles 3
Introduction to the Story 5
1. L'appel 6
2. L'urgence 8
3. Quelque chose d'inattendu 10
4. Le deuxième appel 12
5. L'apparition 14
6. La fiche manquante 16
7. La peinture 18
8. La bombe ? 20
9. Le détecteur de bombe 22
10. En sécurité 24
11. Lucas, l'assistant 26
12. Le cadre 28
13. "Ce tableau n'est pas ici par erreur" 30
14. L'explication 32
15. L'appel mystérieux 34
16. Un numéro inconnu 36
17. Le tableau quitte le musée 38
18. Au commissariat 40
19. Les numéros protégés 42
20. Père et fils 44
21. L'entrepôt 46
22. Normal 48
23. Peinture fraîche 50
24. Adam appelle 52
25. Ce qu'Adam sait 54
26. Cinq scènes 56
27. Analyse de la peinture 58
28. Notre-Dame de Paris 60

29. Où est-ce que les trois hommes cagoulés entrent ? 62
30. Convaincre Faure 64
31. Le parvis de la Cathédrale 66
32. La tentative de vol 68
33. L'arrestation 70
34. M. Dupont 72
35. Le retour au poste 74
36. La salle d'interrogatoire 76
37. L'interrogatoire 78
38. Aide 80
39. Faure frappe à la porte 82
40. Le cinquième crime 84
41. La stratégie 86
42. À la Gare du Nord 88
43. Le contrôle des bagages 90
44. La substance étrange 92
45. Le vol de la bijouterie 94
46. La vente de drogues 96
47. L'enlèvement 98
48. Le cri 100
49. Le retour de Jacques 102
50. Au commissariat 104
51. La visite inattendue 106
52. Faure se rend compte 108
53. Les foulards rouges 110
54. Le suspect 112
55. Bonne nuit 114
56. Adam rappelle 116
57. Conversation avec Adam 118
58. Étapes à suivre 120
59. Suivre Faure en filature 122
60. L'immeuble en construction 124
61. La fuite 126
62. Le sauvetage 128
63. En fuite 130
64. Dans la voiture 132
65. Le secret de la peinture 134
66. La carte mémoire 136

67. Les fichiers 138
68. Qui sont les ravisseurs ? 140
69. Rosco 142
70. Le coffre-fort 144
71. Le repaire des ravisseurs 146
72. Le sauvetage 148
73. Retour à la maison 150
74. Où est la carte ? 152
75. Faure appelle 154
76. Un retournement de situation 156
77. Les raisons 158
78. L'arme 160
79. Les preuves détruites 162
80. L'enlèvement 164
81. Enfermée dans le bureau 166
82. Moreau s'en va 168
83. L'échappée 170
84. Sur le chemi du parc 172
85. Quelqu'un a emmené Matthieu ! 174
86. L'appel de Jacques 176
87. La retrouvaille avec Matthieu 178
88. Jacques explique tout 180
89. Le réseau de corruption 182
90. La promesse 184
91. Au bureau central 186
92. Détenus 188
93. La carte mémoire 190
94. Au sol 192
95. L'attaque de Rayons X 194
96. Faure est arrêté 196
97. l'appel urgent de Sophie 198
98. L'offre 200
99. Au Louvre 202
100. La visite d'Adam 204
101. Lucas reçoit une invitation 206

INTRODUCTION

If you've ever tried speaking French with a stranger, chances are it wasn't easy! You might have felt tongue-tied when you tried to recall words or verb conjugations. You might have struggled to keep up with the conversation, with French words flying at you at 100mph. Indeed, many students report feeling so overwhelmed with the experience of speaking French in the real world that they struggle to maintain motivation. The problem lies with the way French is usually taught. Textbooks and language classes break French down into rules and other "nuggets" of information in order to make it easier to learn. But that can leave you with a bit of a shock when you come to actually speak French out in the real world: "People don't speak like they do in my textbooks!" That's why I wrote this book.

101 Conversations in Intermediate French prepares you to speak French in the real world. Unlike the contrived and unnatural dialogues in your textbook, the 101 authentic conversations in this book offer you simple but authentic spoken French that you can study away from the pressure of face-to-face conversation. The conversations in this book tell the story of six people in Paris. You'll experience the story by following the conversations the characters have with one another. Written entirely in spoken French, the conversations give you the authentic experience of reading real French in a format that is convenient and accessible for a beginner (A2 on the Common European Framework of Reference).

The extensive, story-based format of the book helps you get used to spoken French in a natural way, with the words and phrases you see gradually emerging in your own spoken French as you learn them naturally through your reading. The book is packed with engaging learning material including short dialogues that you can finish in one sitting, helpful English definitions of difficult words, scene-setting introductions to each chapter to help you follow along, and a story that will have you gripped until the end. These learning features allow you to learn and absorb new words and phrases, and then activate them so that, over time, you can remember and use them in your own spoken French. You'll never find another way to get so much practice with real, spoken French!

Suitable for beginners and intermediate learners alike, *101 Conversations in Intermediate French* is the perfect complement to any French course and will give you the ultimate head start for using French confidently in the real world! Whether you're new to French and looking for an entertaining challenge, or you have been learning for a while and want to take your speaking to the next level, this book is the biggest step forward you will take in your French this year.

If you're ready, let's get started!

HOW TO USE THIS BOOK

There are many possible ways to use a resource such as this, which is written entirely in French. In this section, I would like to offer my suggestions for using this book effectively, based on my experience with thousands of students and their struggles.

There are two main ways to work with content in a foreign language:

1. Intensively
2. Extensively

Intensive learning is when you examine the material in great detail, seeking to understand all the content - the meaning of vocabulary, the use of grammar, the pronunciation of difficult words, etc. You will typically spend much longer with each section and, therefore, cover less material overall. Traditional classroom learning, generally involves intensive learning. *Extensive* learning is the opposite of intensive. To learn extensively is to treat the material for what it is – not as the object of language study, but rather as content to be enjoyed and appreciated. To read a book for pleasure is an example of extensive reading. As such, the aim is not to stop and study the language that you find, but rather to read (and complete) the book.

There are pros and cons to both modes of study and, indeed, you may use a combination of both in your approach.

However, the "default mode" for most people is to study *intensively*. This is because there is the inevitable temptation to investigate anything you do not understand in the pursuit of progress and hope to eliminate all mistakes. Traditional language education trains us to do this. Similarly, it is not obvious to many readers how extensive study can be effective. The uncertainty and ambiguity can be uncomfortable: "There's so much I don't understand!"

In my experience, people have a tendency to drastically overestimate what they can learn from intensive study, and drastically underestimate what they can gain from extensive study. My observations are as follows:

- **Intensive learning**: Although it is intuitive to try to "learn" something you don't understand, such as a new word, there is no guarantee you will actually manage to "learn" it! Indeed, you will be familiar with the feeling of trying to learn a new word, only to forget it shortly afterwards! Studying intensively is also time-consuming meaning you can't cover as much material.

- **Extensive learning**: By contrast, when you study extensively, you cover huge amounts of material and give yourself exposure to much more content in the language than you otherwise would. In my view, this is the primary benefit of extensive learning. Given the immense size of the task of learning a foreign language, extensive learning is the only way to give yourself the exposure to the language that you need in order to stand a chance of acquiring it. You simply can't learn everything you need in the classroom!

When put like this, extensive learning may sound quite compelling! However, there is an obvious objection: "But how do I *learn* when I'm not looking up or memorising things?" This is an understandable doubt if you are used to a traditional approach to language study. However, the truth is that you can learn an extraordinary amount *passively* as you read and listen to the language, but only if you give yourself the opportunity to do so! Remember, you learned your mother tongue passively. There is no reason you shouldn't do the same with a second language!

Here are some of the characteristics of studying languages extensively:

Aim for completion When you read material in a foreign language, your first job is to make your way through from beginning to end. Read to the end of the chapter or listen to the entire audio without worrying about things you don't understand. Set your sights on the finish line and don't get distracted. This is a vital behaviour to foster because it trains you to enjoy the material before you start to get lost in the details. This is how you read or listen to things in your native language, so it's the perfect thing to aim for!

Read for gist The most effective way to make headway through a piece of content in another language is to ask yourself: "Can I follow the gist of what's going on?" You don't need to understand every word, just the main ideas. If you can, that's enough! You're set! You can understand and enjoy a great amount with gist alone, so carry on through the material and enjoy the feeling of making progress! If the material is so hard that you struggle to understand even the gist, then my advice for you would be to consider easier material.

Don't look up words As tempting as it is to look up new words, doing so robs you of time that you could spend reading the material. In the extreme, you can spend so long looking up words that you never finish what you're reading. If you come across a word you don't understand… Don't worry! Keep calm and carry on. Focus on the goal of reaching the end of the chapter. You'll probably see that difficult word again soon, and you might guess the meaning in the meantime!

Don't analyse grammar Similarly to new words, if you stop to study verb tenses or verb conjugations as you go, you'll never make any headway with the material. Try to *notice* the grammar that's being used (make a mental note) and carry on. Have you spotted some unfamiliar grammar? No problem. It can wait. Unfamiliar grammar rarely prevents you from understanding the gist of a passage but can completely derail your reading if you insist on looking up and studying every grammar point you encounter. After a while, you'll be surprised by how this "difficult" grammar starts to become "normal"!

You don't understand? Don't worry! The feeling you often have when you are engaged in extensive learning is: "I don't understand". You may find an entire paragraph that you don't understand or that you find confusing. So, what's the best response? Spend the next hour trying to decode that difficult paragraph? Or continue reading regardless? (Hint: It's the latter!) When you read in your mother tongue, you will often skip entire paragraphs you find boring, so there's no need to feel guilty about doing the same when reading French. Skipping difficult passages of text may feel like cheating, but it can, in fact, be a mature approach to reading that allows you to make progress through the material and, ultimately, learn more.

If you follow this mindset when you read French, you will be training yourself to be a strong, independent French learner who doesn't have to rely on a teacher or rule book to make progress and enjoy learning. As you will have noticed, this approach draws on the fact that your brain can learn many things naturally, without conscious study. This is something that we appear to have forgotten with the formalisation of the education system. But, speak to any accomplished language learner and they will confirm that their proficiency in languages comes not from their ability to memorise grammar rules, but from the time they spend reading, listening to, and speaking the language, enjoying the process, and integrating it into their lives.

So, I encourage you to embrace extensive learning, and trust in your natural abilities to learn languages, starting with… The contents of this book!

THE FIVE-STEP READING PROCESS

Here is my suggested five-step process for making the most of each conversation in this book:

1. Read the short introduction to the conversation. This is important, as it sets the context for the conversation, helping you understand what you are about to read. Take note of the characters who are speaking and the situation they are in. If you need to refresh your memory of the characters, refer to the character introductions at the front of the book.

2. Read the conversation all the way through without stopping. Your aim is simply to reach the end of the conversation, so do not stop to look up words and do not worry if there are things you do not understand. Simply try to follow the gist of the conversation.

3. Go back and read the same conversation a second time. If you like, you can read in more detail than before, but otherwise simply read it through one more time, using the vocabulary list to check unknown words and phrases where necessary.

4. By this point, you should be able to follow the gist of the conversation. You might like to continue to read the same conversation a few more times until you feel confident. This is time well-spent and with each repetition you will gradually build your understanding of the content.

5. Move on! There is no need to understand every word in the conversation, and the greatest value to be derived from the book comes from reading it through to completion! Move on to the next conversation and do your best to enjoy the story at your own pace, just as you would any other book.

At every stage of the process, there will inevitably be words and phrases you do not understand or passages you find confusing. Instead of worrying about the things you *don't* understand, try to focus instead on everything that you *do* understand, and congratulate yourself for the hard work you are putting into improving your French.

LE SECRET DE LA PEINTURE

(The Secret in the Painting)

Translated by Julie Baraize

CHARACTER PROFILES

Claire Gentil

Detective Gentil is a policewoman who works in Paris. After her previous experiences with Sophie and Alice, she now specialises in cases related to the world of art.

Jacques Dubois

Jacques is a detective and colleague of Detective Gentil. He has had less time on the job and, therefore, Detective Gentil is his guide and mentor. He listens attentively to what she says and follows her instructions to the letter, although he is not afraid to give his opinion when he thinks necessary.

Sophie

A young art historian and curator who works at the Louvre Museum.

Amélia Rousseau

The Director of the Louvre Museum.

Inspecteur en chef Faure

Chief Inspector at the police station where Detective Gentil works. He controls the work of everyone in the division.

Lucas

A scholar at the Louvre Museum, under the supervision of Sophie. He is an art history student. Everyone in his family is on the police force but he wants to dedicate his life to painting.

INTRODUCTION TO THE STORY

Shortly after arresting a major art forger, detective Claire Gentil receives a call from the director of the Louvre Museum in Paris.

Has another work of art gone missing? Actually, the opposite! A mysterious painting has appeared on the Louvre's walls. No-one knows where it came from or how it got there.

Detective Gentil goes to the museum with her partner Jacques Dubois. They meet the director, Amélia, and the curator, Sophie. Could this be a mistake? A joke? In fact, it's neither! They discover some tiny writing on the back of the painting: "This painting is not here by accident."

While they try to figure out where the painting came from, they further discover that it is filled with clues. The painting contains five scenes, each representing a crime that will be committed somewhere in Paris by the end of the day.

As they race around the city to stop this crime wave, more questions arise: Who is behind this network of organised crime? And who is trying to warn detective Gentil?

1. L'APPEL

L'inspecteur Claire Gentil est réveillée par la sonnerie du téléphone. Elle regarde son réveil. il est 8 heures du matin. Elle entend son fils, Matthieu, répondre à l'appel. Après quelques minutes, elle arrive enfin à rassembler ses forces pour sortir du lit et aller à la cuisine.

Matthieu: Bonjour maman !

Claire: Bonjour, mon chéri, comment tu vas aujourd'hui ?

Matthieu: Très bien ! Ça va maman ?

Claire: Je suis très fatiguée. Maman a travaillé dur cette semaine… J'espère que les prochains jours seront plus calmes !

Matthieu: Moi aussi ! Je suis épuisé !

Claire: Ah oui ? Et pourquoi ça, mon cher fils ?

Matthieu: Ils me font travailler très dur à l'école : le maître nous fait peindre, peindre et encore peindre, et il veut qu'on utilise *toutes* les couleurs. Et ensuite il y a l'heure du conte, et puis nous devons chanter une chanson, et ensuite jouer au ballon.

Claire: Je vois… Et ensuite ici à la maison, ta mère s'endort et tu dois répondre au téléphone. C'était qui, d'ailleurs ?

Matthieu: Ton chef, il a dit que c'était *agent* !

Claire: Agent ?

Matthieu: Non, c'était pas *agent*. Il a dit que c'était... *sergent*.

Claire: Mais qu'est-ce que tu racontes, Matthieu ? Attends... il a dit que c'était *urgent* ?

Matthieu: Oui, c'est ça ! Il a dit que c'était *urgent* !

Vocabulaire

un appel a call
réveiller to wake up
un réveil an alarm clock
une sonnerie a ringtone
rassembler to gather
mon chéri sweetheart
travailler dur to work hard
peindre to paint
un conte a tale
une chanson a song
s'endormir to fall asleep
répondre to answer
d'ailleurs by the way
qu'est-ce que tu racontes ? what are you talking about?

2. L'URGENCE

Claire Gentil prend son téléphone portable et elle appelle son chef, l'inspecteur Faure. C'est un homme au caractère difficile et avec des manières un peu brusques, mais ils ont toujours eu de bons rapports. En discutant, Claire prépare un chocolat chaud pour Matthieu, qui le boit en silence en regardant des dessins animés.

Faure: Allô ?

Claire: Bonjour, Faure. C'est moi, l'inspecteur Gentil. Vous avez appelé tout à l'heure ?

Faure: Oui, oui, j'ai dit à votre fils que c'était urgent, où est-ce que vous étiez ?

Claire: Désolée, après l'affaire de cette semaine, je suis épuisée. J'étais au lit.

Faure: Eh bien, j'espère que vous avez bien dormi, car on a quelque chose de nouveau qui nécessite votre présence immédiate au commissariat.

Claire: Oh non ! De quoi est-ce qu'il s'agit ? Un autre faussaire de tableaux ?

Faure: Je ne peux pas vous donner plus de détails par téléphone, Gentil, vous devez venir. Emmenez Matthieu à l'école et venez immédiatement.

Claire: Bien. Je suis là dans une demi-heure.

Faure: Parfait, on vous attend. À tout de suite !

Claire: À tout de suite !

Matthieu: Maman, qu'est-ce que ça veut dire *urgent* ?

Vocabulaire

au caractère difficile a difficult person
brusque blunt
avoir de bons rapports get along well
un dessin animé a cartoon
tout à l'heure a moment ago
une affaire a case
espérer to hope
s'agir de to be about
un faussaire a forger
un tableau a painting
emmener to bring
à tout de suite see you soon

3. QUELQUE CHOSE D'INATTENDU

Après avoir emmené Matthieu à l'école, Claire se rend le plus rapidement possible au poste de police, où elle travaille. À son arrivée, elle voit que son chef l'attend à la porte. l'inspecteur Faure semble très inquiet.

Claire: Inspecteur Faure, qu'est-ce qu'il s'est passé ? Qu'est-ce qui est si urgent ?

Faure: Je ne peux pas vous le dire ici… Entrons dans le bureau et je vous montrerai.

Claire: Que de mystère ! Ce doit être une affaire très sensible. Jacques est à l'intérieur ?

Faure: Oui, ils sont tous à l'intérieur. C'est une affaire très sérieuse… et elle a besoin de ton action immédiate.

Tous: SURPRISEEEEEEEEE !

Claire: Ahhhhhh ! Qu'est-ce que c'est que ça ? Une fête surprise, pour moi ?!

Faure: Joyeux anniversaire, inspecteur Gentil.

Claire: Mais mon anniversaire, c'est le 12 septembre !

Jacques: Justement, c'est *aujourd'hui* le 12 septembre. Ça y est, tu as quarante ans !

Claire : Mon dieu, c'est vrai ! Merci d'y avoir pensé !

Faure : Je commence surtout à penser que vous avez besoin de vacances. Allez, tout le monde, un toast à notre meilleur inspecteur, qui, s'il y a encore quelqu'un à Paris à qui cela a échappé, a attrapé hier Pierre Lefèvre, le plus grand faussaire de Matisse de toute l'Europe. Santé !

Tous : Santé !

Claire : Un grand merci à vous tous ! C'est un honneur de travailler avec cette équipe... Attendez une minute, c'est du mille-feuille ça ? Allez, passez-moi la pelle à tarte.

Vocabulaire

se rendre to go to
inquiet worried
montrer to show
que de mystère how mysterious
sensible sensitive
à l'intérieur inside
une fête a party
joyeux anniversaire happy birthday
justement precisely
ça y est that's it
mon dieu my God
surtout especially
échapper à quelqu'un to miss
attraper to catch
une équipe a team
un mille-feuille a millefeuille is a type of cake
une pelle à tarte a pie server

4. LE DEUXIÈME APPEL

Alors qu'ils fêtent l'anniversaire de Claire au commissariat, le téléphone de son bureau sonne. En avalant rapidement la dernière bouchée de sa part de mille-feuille, l'inspecteur Gentil répond au téléphone.

Claire : Oui, allô ? Qui est-ce ?

Amélia : Inspecteur Gentil, c'est Amélia Rousseau, directrice du Musée du Louvre. Félicitations !

Claire : Bonjour, Amélia. Vous aussi vous êtes aussi au courant pour mon anniversaire ? On dirait que je suis la dernière informée.

Amélia : Ah non, je ne savais pas que c'était votre anniversaire, joyeux anniversaire ! Je vous félicitais d'avoir attrapé Pierre Lefèvre. Nous nous débarrassons enfin de ce malfaiteur ! Je ne sais pas ce qui m'énerve le plus : que ses œuvres étaient si bonnes qu'elles ont trompé nos meilleurs spécialistes ou qu'une personne avec un tel talent ait décidé de se consacrer à la contrefaçon au lieu de développer sa propre carrière artistique.

Claire : Oui, c'est vraiment dommage. Au fait, qu'est-ce que vous allez faire de ses tableaux ?

Amélia : Eh bien, bien qu'ils ne soient pas des Matisse originaux, nous les considérons maintenant comme des pièces historiques, d'autant plus que vous avez attrapé l'artiste ! Nous prévoyons une exposition spéciale consacrée aux contrefaçons.

Claire: Ça me paraît être une excellente idée ! Depuis que nous avons travaillé sur le vol des dessins de Monet l'année dernière, je m'intéresse de plus en plus aux affaires liés au monde de l'art.

Amélia: Je sais ! C'est justement pour ça que je vous ai appelé...

Claire: Oh non ! Quelque chose a été volé au musée ?

Amélia: Non... C'est plutôt *le contraire*. Vous feriez mieux de venir.

Vocabulaire

sonner to ring
avaler to swallow
une bouchée a bite
être au courant to know about
on dirait que it seems that
féliciter to congratulate
se débarrasser de to get rid of
énerver to annoy
une oeuvre an artwork
tromper to deceive
tel such a
la contrefaçon forgery
bien que even though
prévoir to plan
voler to steal
vous feriez mieux de... you'd better...

5. L'APPARITION

S'excusant auprès de son chef et de ses collègues de ne pas rester manger et boire plus longtemps, Claire se rend au musée du Louvre. À son arrivée, elle retrouve Amélia et son amie Sophie, avec qui elle a collaboré par le passé pour attraper un voleur d'art. Amélia et Sophie regardent avec inquiétude une grande peinture dans l'une des salles les plus importantes de l'aile d'art contemporain du musée.

Sophie: Claire ! Comment ça va ?

Claire: Salut Sophie. Bien. Et toi ? Ça va ? Et Alice ?

Sophie: Alice peut à peine bouger. Elle accouchera dans quelques semaines et le bébé est très agité… mais à part ça, tout va bien.

Claire: Tant mieux. Vous allez bien Amélia ? Vous m'avez beaucoup intriguée avec votre appel, est-ce que vous allez me dire ce qui se passe ? Est-ce que cette peinture est un faux ? Ou est-ce qu'elle a été volée ?

Amélia: Pour vous dire la vérité… On ne sait pas vraiment quel est le problème de cette peinture.

Vocabulaire

s'excuser auprès de to apologise
retrouver to meet up
avec inquiétude with concern
une aile a wing
à peine hardly
accoucher to give birth
tant mieux good!
la vérité a truth

6. LA FICHE MANQUANTE

L'inspecteur Gentil n'arrive pas à comprendre pourquoi Amélia et Sophie l'ont appelée. Il semble y avoir un problème avec la peinture en face d'elles, mais elles n'arrivent pas à lui expliquer pourquoi.

Sophie: Il vaut mieux que je te raconte comment on s'est aperçu qu'il se passait quelque chose de bizarre.

Claire: D'accord.

Sophie: Ces dernières semaines, de nombreuses nouvelles œuvres d'art sont arrivées au musée. Tu as sûrement remarqué que dans les musées, toutes les œuvres sont accompagnées d'une fiche technique qui explique qui est l'artiste, de quelle année est l'œuvre et d'autres informations.

Claire: Oui, bien sûr.

Sophie: Eh bien, aujourd'hui, les fiches de toutes les nouvelles œuvres sont arrivées. Seulement, lorsqu'on a fini de les placer, on a réalisé que la fiche de ce tableau n'était pas arrivée. On pensait que c'était une erreur, mais ce n'est pas le cas. La fiche n'a pas été envoyée à l'impression car ce tableau ne fait pas partie de notre collection.

Claire: Qu'est-ce que tu veux dire ?

Amélia: Ce tableau n'est pas à nous : On ne l'a pas acheté, personne n'en a fait don... Elle est juste apparue ici.

Vocabulaire

il vaut mieux que it is best that
s'apercevoir to realise, to notice
nombreux numerous
remarquer to notice
une fiche a sheet
une impression a printing
faire don de to donate

7. LA PEINTURE

Pour la première fois depuis son arrivée, Claire s'arrête pour regarder l'œuvre. C'est une grande peinture d'au moins deux mètres de large par un mètre de haut avec un cadre métallique épais. Dans la peinture, il y avait de nombreux personnages et plusieurs scènes dans des endroits avec beaucoup de gens. Elle lui rappelait les livres de Où est Charlie ? que Matthieu aimait tant.

Claire: Je comprends... c'est très mystérieux. Tout à coup, une peinture apparaît accrochée au mur. C'est sûrement une erreur, mais je comprends votre inquiétude. Nous devrions vérifier les caméras de sécurité, parler aux autres employés du musée.

Amélia: Bien sûr, on n'a encore rien fait de tout cela. On voulait vous appeler avant de faire quoi que ce soit car... eh bien, on craint qu'il puisse y avoir quelque chose dans le cadre ou derrière le tissu... *un genre de dispositif.*

Claire: Tu veux dire qu'il pourrait y avoir *une bombe* dans le cadre ?!

Vocabulaire

s'arrêter to pause
de large wide
de haut high
un cadre a framework
épais thick
un personnage a character
rappeler to remind
tant so much
tout à coup all of a sudden
accrocher to hang
une peinture a painting
quoi que ce soit anything
craindre to fear
qu'il puisse that it may
un dispositif a device

8. LA BOMBE ?

Amélia vient de dire à l'inspecteur Gentil qu'ils soupçonnent qu'il pourrait y avoir des explosifs à l'intérieur du tableau qui est mystérieusement apparu dans le musée. Claire passe un coup de téléphone.

Sophie: Qui est-ce que tu as appelé ?

Claire: Mon collègue, Jacques. Il est en route avec notre détecteur de bombe. Mais d'abord, pourquoi est-ce que vous pensez qu'il puisse y avoir une bombe dans le cadre ?

Amélia: Bon, bien sûr, ce n'est qu'une idée, mais il nous est venu à l'esprit que de nombreuses personnes importantes viennent au musée : des politiciens du monde entier, des membres de familles royales, des hommes d'affaires. C'est le moyen idéal pour faire entrer un explosif sans alerter les contrôles de sécurité.

Claire: Très bien pensé. C'est vrai, c'est une possibilité. Est-ce qu'il y a un événement important bientôt ?

Sophie: Oui, bien sûr. Ce mois-ci, nous avons des événements de toutes sortes, et d'importantes personnalités viendront du monde entier.

Claire: D'accord. Plus tard, si possible, je voudrais une liste détaillée... Mais regardez qui vient là, voici notre détecteur de bombe.

Sophie: Une belle machine !

Vocabulaire

soupçonner to suspect
il pourrait y avoir there might be
passer un coup de téléphone to make a call
un détecteur de bombe a bomb detector
d'abord first off
ce n'est que it's only
venir à l'esprit to come to mind
un homme d'affaire a businessman
un moyen a way
un évènement an event
de toutes sortes of all kinds
une personnalité a celebrity

9. LE DÉTECTEUR DE BOMBE

Dans le couloir arrive Jacques, le collègue de Claire. En laisse, il tient un énorme chien policier. Sophie, qui aime les chiens, s'approche de lui et commence à le caresser.

Sophie: Mais comme tu es beau, mon toutou ! Comment il s'appelle ?

Jacques: Officiellement, il s'appelle Canin 1977, mais on l'appelle "Rayons X".

Sophie: Pourquoi "Rayons X" ?

Jacques: Parce qu'il voit à travers la matière. Rien n'échappe à Rayons X, c'est le meilleur.

Sophie: Que tu es beau, Rayons X ! Je te ramènerais bien chez moi…

Jacques: Malheureusement, ils en ont besoin au siège social, mais vous pouvez lui rendre visite quand vous voulez !

Claire: Ok, ok, fini les cajoleries ! Voici le tableau dont je t'ai parlé, Jacques. J'ai fait venir Rayons X ici, pour voir s'il peut détecter quelque chose…

Vocabulaire

un couloir a corridor
un toutou a pooch, a doggie
à travers through
une matière matter
ramener to bring back
un siège social a head office
rendre visite to come by
un cajolerie a cuddle
faire venir to bring

10. EN SÉCURITÉ

Après que Rayons X, le chien détecteur de bombe, se soit approché de la peinture et l'ait sentie sans aucune réaction, l'inspecteur Gentil et Jacques assurent à Amélia et Sophie qu'aucun explosif n'est caché derrière la peinture ou dans le cadre.

Claire: Nous sommes hors de danger. Si Rayons X ne sent rien, c'est qu'il n'y a rien à craindre.

Jacques: Enfin, rien qui puisse exploser, du moins. Il pourrait aussi y avoir une lettre, un message ou une piste de la personne qui a amené ce tableau au musée… sauf si ce n'est qu'une simple erreur.

Claire: J'espère que c'est ça. Maintenant, si ça vous va, j'aimerais décrocher le tableau pour voir s'il y a quelque chose dans le cadre ou derrière la peinture, c'est possible ?

Sophie: Bien sûr. Je vais appeler mon assistant.

Vocabulaire

sentir to smell
cacher to hide
du moins at least
une piste a lead
sauf except
décrocher to take down

11. LUCAS, L'ASSISTANT

Suite à l'appel de Sophie, Lucas, son assistant, vient les rejoindre. Il s'agit d'un jeune homme d'une vingtaine d'années, très souriant et joyeux. Il est grand et il a les cheveux bruns bouclés. Sophie présente Lucas à l'inspecteur Gentil et à Jacques.

Claire: Ravie de te rencontrer, Lucas.

Lucas: Tout le plaisir est pour moi. Vous êtes donc policiers ?

Claire: Oui, mais pas de panique, on ne fait qu'enquêter.

Lucas: Oh, ne vous en faites pas, je suis plus qu'habitué à la police !

Claire: Ah oui ? Et pourquoi ça ?

Lucas: Parce que presque tout le monde dans ma famille est policier. Mon père, mes oncles, mes sœurs aînées. Je suis le mouton noir... Imaginez la réaction de mon père quand j'ai annoncé que j'allais étudier l'art !

Jacques: Je peux l'imaginer... Je viens d'une famille d'artistes !

Vocabulaire

suite à following
une vingtaine about twenty
souriant smiling
bouclé curly
ravi de pleased
enquêter to investigate
s'en faire (ne vous en faites pas) to worry (don't worry)
une soeur aînée an older sister
un mouton a sheep

12. LE CADRE

Voyant que l'inspecteur Gentil s'impatiente, Sophie interrompt les deux garçons, qui discutent de leurs familles, afin qu'ils se concentrent à nouveau sur la tâche à venir.

Sophie : Lucas, tu pourrais m'aider à décrocher ce tableau et à le retourner pour que les inspecteurs puissent l'étudier de plus près ?

Lucas : Bien sûr, désolé.

Claire : Voyons voir. Il semble qu'il n'y ait rien derrière le tissu.

Jacques : L'arrière du cadre est creux. Nous pouvons le tester, mais je ne vois aucun objet ou substance suspecte.

Claire : Je commence à penser que ce tableau est ici par erreur...

Sophie : Ce tableau n'est pas ici par erreur.

Claire : Qu'est-ce que tu veux dire ? Comment tu le sais ?

Sophie : C'est écrit là ! Regarde, dans ce coin... quelqu'un a écrit "Ce tableau n'est pas ici par erreur".

Vocabulaire

voyant que seeing that
afin que so that
une tâche a task
retourner to turn over
voyons voir well, let's see
creux hollow
un coin a corner

13. "CE TABLEAU N'EST PAS ICI PAR ERREUR"

Tout le monde vient voir l'inscription que Sophie a découvert, sauf Lucas, qui se maintient à l'écart en caressant Rayons X. L'inscription est un petit texte écrit à la peinture rouge.

Amélia: Est-ce que vous pensez que c'est une blague ? Que quelqu'un essaie de se moquer de la sécurité du musée ?

Sophie: C'est peut-être une œuvre d'art conceptuelle... un artiste frustré qui veut dénoncer le circuit élitiste de l'art...

Claire: Je ne pense pas que ce soit quelque chose d'aussi tordu... même si ce n'est certainement pas un problème simple qu'on a là.

Jacques: Ce qui est certain, c'est que celui qui a amené ce tableau au musée essaie de nous dire quelque chose.

Claire: Eh bien, nous devrions aller vérifier les enregistrements de sécurité pour voir si on peut voir de qui il s'agit.

Lucas: Ce n'est pas nécessaire, je sais qui a apporté cette peinture au musée.

Tous: Qui ?

Lucas: Moi, bien sûr.

Vocabulaire

se maintenir à l'écart to stay away
un écart a gap
caresser to pet
la peinture a paint
une blague a joke
tordu twisted
un enregistrement a recording
apporter to bring

14. L'EXPLICATION

Tout le monde fixe Lucas, bouche bée, jusqu'à ce que Sophie comprenne ce que le garçon a voulu dire.

Sophie: Bien sûr, Lucas est celui qui apporte tous les tableaux !

Claire: Comment c'est organisé ?

Sophie: On s'organise comme ça : quand il y a un don, un achat ou un autre type d'acquisition, le musée est chargé d'aller chercher les pièces à l'aéroport ou partout où il faut aller les chercher. Lucas est celui qui va les chercher.

Claire: Il se charge seul du chargement des œuvres d'art jusqu'ici ?

Sophie: Non, bien sûr que non ! On le fait avec un camion spécial et une équipe complète de spécialistes, mais il est responsable de la coordination des transferts et de me tenir informée.

Lucas: Exactement. Cette œuvre est arrivée il y a environ une semaine, je suis allé la chercher moi-même !

Vocabulaire

fixer to stare
bouche bée speechless
un don a donation
charger de to be in charge of
partout everywhere
le chargement loading
un camion a truck
tenir informé to keep informed
environ approximately

15. L'APPEL MYSTÉRIEUX

Après avoir entendu l'explication de Sophie et Lucas, l'inspecteur Gentil et Jacques continuent d'enquêter sur l'origine de la mystérieuse peinture apparue sur les murs du Louvre.

Jacques: Où es-tu allé chercher le tableau ?

Lucas: Ce n'était pas inhabituel. J'ai reçu un appel avec l'ordre d'aller chercher le tableau dans un entrepôt d'art où j'étais déjà allé d'autres fois. Il est utilisé par de nombreuses galeries importantes de la ville. Quand je suis arrivé là-bas, le responsable de l'entrepôt m'a montré l'endroit où se trouvait le tableau et nous l'avons chargé dans le transport.

Claire: Il n'y avait personne d'autre dans l'entrepôt ?

Lucas: Non, juste le tableau.

Sophie: Attends une minute, Lucas. La seule personne qui t'indique où aller chercher de nouvelles œuvres c'est moi... Mais je ne t'ai jamais envoyé chercher cette peinture. Pourquoi est-ce que tu as pris en compte cet appel ?

Lucas: Ben parce que c'était toi... Je m'en souviens parfaitement. Il pleuvait ce jour-là. Tu étais sortie pour accompagner Alice à une échographie. Après quelques heures, j'ai reçu un appel. Je n'ai pas reconnu le numéro, mais quand j'ai répondu, c'était toi. J'ai pensé que tu m'appelais peut-être depuis le téléphone d'Alice. Tu m'as même dit précisément où le tableau devait être accroché...

Sophie: Lucas, ce jour-là je ne t'ai pas appelé...

Vocabulaire

inhabituel unusual
recevoir un appel to get a call
un entrepôt a warehouse
se trouver to be (located)
personne d'autre no one else
prendre en compte to take into account
se souvenir de to remember
une échographie an ultrasound scan
reconnaître to recognize

16. UN NUMÉRO INCONNU

En découvrant que l'appel mystérieux qui a donné l'ordre d'aller chercher le tableau n'a pas été passé par Sophie, ils demandent à Lucas de regarder sur son téléphone quel numéro l'a appelé ce jour-là.

Lucas: Sophie, tu te souviens de quel jour c'était exactement ?

Sophie: Bien sûr, l'échographie d'Alice était prévue le vendredi 6 septembre. Je m'en souviens parfaitement car le rendez-vous avec le médecin était prévu depuis des mois, et noté sur un papier sur le frigo.

Lucas: Ok, voyons. Oui, ce jour-là, j'ai reçu un seul appel pendant la journée, de ce numéro.

Claire: Jacques, prends note du numéro, s'il te plaît. Ramène Rayons X au bureau central, et va ensuite au poste de police pour savoir à quelle compagnie de téléphone il appartient et qui est le propriétaire de cette ligne. Sophie, le numéro te dit quelque chose ?

Sophie: Non, pas du tout. Ce n'est pas le numéro d'Alice et, de toute façon, je suis sûre que je n'ai passé aucun appel ce jour-là.

Claire: Ne t'inquiète pas, on saura vite qui a appelé Lucas et s'est fait passer pour toi.

Vocabulaire

inconnu unknown
un frigo a fridge
appartenir à to belong to
ça te dit quelque chose ? does that ring a bell?
pas du tout not at all
de toute façon in any case
se faire passer pour to impersonate

17. LE TABLEAU QUITTE LE MUSÉE

Jacques quitte le musée, emmenant le chien avec lui. Ensuite, Claire leur explique qu'elle doit emmener avec elle le tableau au poste de police.

Claire: Je ne suis pas sûre que ce soit un crime de livrer une œuvre d'art dans un musée, mais se faire passer pour quelqu'un d'autre l'est certainement. On peut donc ouvrir une enquête… Je vais devoir emmener la peinture comme preuve.

Lucas: Vous allez emmener le tableau ?

Claire: Oui, bien sûr, on va devoir l'emmener au poste de police. En fait, je pensais que tu pourrais peut-être m'aider à le déplacer avec le matériel et le camion dont vous parliez avant.

Amélia: Bien sûr, inspecteur.

Lucas: C'est dommage !

Claire: Pourquoi ?

Lucas: Avec tout ce mystère, cette peinture devient de plus en plus intéressante.

Claire: Crois-moi, ce sera plus intéressant quand on aura découvert qui est derrière cette blague.

Vocabulaire

quitter to leave
une preuve a piece of evidence
déplacer to move
croire to believe

18. AU COMMISSARIAT

L'inspecteur Gentil et Lucas apportent le tableau au poste de police et ils le laissent dans le bureau de l'inspecteur Gentil. Quand ils arrivent, Jacques frappe à la porte : il a des nouvelles de la ligne téléphonique qui a communiqué avec Lucas.

Jacques : J'ai une bonne et une mauvaise nouvelle.

Claire : La bonne d'abord, je m'occuperai des problèmes après.

Jacques : D'accord. La bonne nouvelle, c'est que j'en ai appris beaucoup sur la ligne téléphonique : elle appartient à la société PhonoTel, c'est une de ces cartes qui se vendent dans des kiosques. Je sais qu'il faut en général un document d'identité ou un passeport pour en acheter une, mais l'entreprise m'a dit que cette carte n'était pas dans les registres de vente, elle doit donc être volée.

Claire : C'est ce que je m'imaginais. Et le registre des appels ? Est-ce qu'ils ont pu identifier un appel à partir de ce numéro ?

Jacques : Oui, ils ont identifié deux appels. Le premier est l'appel vers le téléphone de Lucas. Et l'autre... c'est la mauvaise nouvelle.

Claire : À qui a été passé le second appel ?

Jacques : À un numéro protégé...

Vocabulaire

laisser to leave
frapper to knock
s'occuper de to take care of
un registre a log
un numéro protégé a private number

19. LES NUMÉROS PROTÉGÉS

Jacques vient d'informer l'inspecteur Gentil de tout ce qu'il a pu découvrir sur la ligne téléphonique à partir de laquelle on a appelé Lucas pour lui donner l'ordre d'emmener le mystérieux tableau au musée. En plus de l'appeler, le numéro a appelé une autre personne, avec un « numéro protégé ».

Lucas: Qu'est-ce qu'un numéro protégé ?

Jacques: Il peut s'agir du numéro d'un politicien, d'un membre d'une famille royale, d'un militaire, d'un employé d'une agence de renseignement nationale...

Claire: Les numéros protégés sont des numéros de téléphone de personnes très importantes... c'est pourquoi les compagnies de téléphone ne peuvent pas nous fournir ces informations. Pour l'obtenir, nous devons demander l'autorisation à quelqu'un haut placé, mais on ne nous la donnera jamais pour un cas comme celui-ci. Ces informations ne sont données qu'en cas d'enlèvement, d'attentat... quelque chose d'important.

Lucas: D'accord, je ne savais pas que ça existait. Est-ce qu'il y a des policiers qui ont des numéros protégés ?

Claire: Oui, bien sûr, les hauts gradés, comme... l'inspecteur Faure !

Vocabulaire

une agence de renseignement an intelligence agency
fournir to provide
quelqu'un de haut placé a high-ranking person
un enlèvement an abduction
un attentat an attack, a bombing
un haut gradé a high-ranking officer

20. PÈRE ET FILS

L'inspecteur Faure s'approche de Claire, Jacques et Lucas avec un air très inquiet.

Faure: Qu'est-ce qu'il y a ? Qu'est-ce qui se passe ici ?

Claire: Qu'est-ce que vous voulez dire, chef ?

Faure: Lucas, comment tu vas ? Tu as des ennuis ?

Jacques: Vous vous connaissez ?

Faure: Le connaître ? Lucas est mon fils !

Lucas: Bien sûr, vous vous souvenez ? Je vous ai dit avant que mon père était policier. Tout va bien, papa. Je suis ici pour cette peinture.

Faure: Qu'est-ce que c'est que ce tableau ? C'est toi qui l'as peint ?

Lucas: Hahaha. Ce serait une solution très simple... Non, cette peinture est apparue au Musée du Louvre. Incroyable, non ? J'ai étudié l'art pour ne pas être impliqué dans des crimes et des mystères, et me voilà au commissariat de mon père, en pleine enquête...

Vocabulaire

avoir des ennuis to be in trouble

21. L'ENTREPÔT

L'inspecteur Gentil et Jacques se rendent à l'entrepôt d'art où Lucas a récupéré le tableau. Il s'agit d'un grand hangar avec de nombreux petits espaces de stockage. À la porte, le gérant de l'entrepôt, M. Fournier, les accueille.

Claire: M. Fournier ? Bonjour, je suis l'inspecteur Gentil et voici l'inspecteur Dubois.

Monsieur Fournier: Bonjour, inspecteur.

Claire: Comme on vous l'a dit au téléphone, on a quelques questions sur une peinture que quelqu'un a stockée dans cet entrepôt et qui a ensuite été retirée par le personnel du musée du Louvre.

Monsieur Fournier: Bien sûr, oui, je m'en souviens. J'ai consulté les papiers et la personne en question n'a laissé qu'un nom et un prénom... Voyons voir... il s'appelait Samuel Garnier.

Jacques: Samuel Garnier ? C'est tout ?

Monsieur Fournier: Eh bien... oui.

Jacques: Il n'a pas laissé un numéro de téléphone ? Des coordonnées ? Une adresse ?

Monsieur Fournier: D'après ce que je vois, non. En général, quand il s'agit d'un paiement anticipé, on ne demande pas trop d'informations. En plus, le garçon m'a dit que des employés du Louvre passeraient le lendemain et ça s'est effectivement passé comme ça. Nous avons l'habitude de travailler avec le musée sans problème.

Claire: Je vois. Vous vous rappelez à quoi ressemblait le garçon ?

Monsieur Fournier: Bien sûr ! Je m'en souviens très clairement.

Vocabulaire

récupérer to get, to retrieve
un gérant a manager
accueillir to welcome
stocker to store
retirer to remove
les coordonnées contact details
d'après according to
un paiement anticipé an advance payment
passer to come over
effectivement indeed

22. NORMAL

L'inspecteur Gentil et Jacques posent des questions à monsieur Fournier, le gérant de l'entrepôt où se trouvait le mystérieux tableau qui a ensuite été emmené au Musée du Louvre.

Jacques: Est-ce que vous pourriez nous décrire le jeune homme avec autant de détails que possible, monsieur Fournier ?

Monsieur Fournier: Bien sûr, je m'en souviens très bien : il avait une casquette rouge avec une visière noire, elle avait l'air très neuve. Il portait des lunettes noires avec une monture noire... Il portait un sweat gris et un jean.

Claire: Monsieur Fournier, est-ce que vous vous souvenez de quelque chose d'autre du garçon que ses vêtements ? La couleur de ses cheveux ou de ses yeux ? Son âge ?

Monsieur Fournier: Ah... je vois. Eh bien, c'était un garçon... normal. Je n'ai pas vu ses cheveux sous la casquette, ni ses yeux, car il portait des lunettes. Quant à son âge, je dirais... entre vingt et... trente-cinq ans ? Je ne suis pas très sûr.

Claire: Quelle taille est-ce qu'il faisait ?

Monsieur Fournier: Il était... normal. Ni grand, ni petit : normal.

Vocabulaire

autant as much
une casquette a cap
une visière a peak
une monture a frame
les cheveux hair
il faisait quelle taille ? how tall was he?
une taille a size

23. PEINTURE FRAÎCHE

Monsieur Fournier remet à Claire et Jacques la clé de l'entrepôt où le tableau avait été stocké avant d'être transporté au musée. La petite pièce est un cube d'environ trois mètres sur trois mètres, complètement vide, avec une porte en métal.

Jacques: Eh bien, il ne nous reste plus qu'à chercher tous les hommes âgés de vingt à trente-cinq ans appelés Samuel Garnier à Paris et qui ont l'air... normaux.

Claire: Je suis à peu près sûre que Samuel Garnier n'est pas le vrai nom de la personne qui a amené le tableau dans cet entrepôt.

Jacques: Je plaisante, Gentil. Bien sûr que c'est un faux nom. De toute façon, si c'était son vrai nom, ça ne nous servirait à rien... Eh bien, on dirait que cet entrepôt est vide.

Claire: Il n'est pas vide, regarde !

Jacques: Qu'est-ce que c'est que ça ? Du sang ?!

Claire: Non, c'est de la peinture rouge, comme celle du tableau. Tu sais ce que ça signifie ?

Jacques: Que je ne sais pas faire la différence entre du sang et de la peinture ?

Claire: Non, cela signifie que le tableau était fraîchement peint quand ils l'ont apporté...

Vocabulaire

remettre to hand over
une clé a key
vide empty
il ne reste plus qu'à all that's left to do is
un air a look
à peu près almost
ne servir à rien to be pointless
un sang a blood

24. ADAM APPELLE

L'inspecteur Gentil est de nouveau dans son bureau. Elle regarde le tableau, appuyé contre le mur, depuis sa chaise. Soudain, son téléphone sonne.

Claire: Oui, allô ?

Adam: Bonjour, inspecteur Gentil. Je m'appelle Adam.

Claire: On se connaît ?

Adam: On ne se connaît pas encore, mais on se connaîtra peut-être bientôt. On a des amis en commun.

Claire: Qui ?

Adam: Sophie et Alice.

Claire: Oh. Elles ne m'ont jamais parlé de vous...

Adam: Vous voyez, Claire, Sophie, Alice et moi appartenons à une société secrète. Nous savons qu'on peut vous faire confiance, c'est pour ça que je vous le dis.

Claire: Quel genre de société secrète ?

Adam: Nous sommes un réseau de chercheurs, d'historiens et d'archéologues qui, à l'échelle mondiale, travaillent pour protéger le monde de l'art, lutter contre la contrebande, le vol, la contrefaçon... à propos, nous sommes très impressionnés par votre travail et par la façon dont vous avez démasqué Pierre Lefèvre.

Claire : Merci... Est-ce que je peux savoir pourquoi vous appelez ?

Adam : Je vous appelle au sujet de la peinture que vous avez devant vous en ce moment.

Vocabulaire

de nouveau again
appuyer to press
soudain suddenly
un ami en commun a mutual friend
un genre a kind
un réseau a network
un chercheur a researcher
à l'échelle mondiale on a global scale
protéger to protect
lutter to fight
la contrebande smuggling
démasquer to unmask
au sujet de regarding

25. CE QU'ADAM SAIT

L'inspecteur Gentil parle au téléphone avec Adam, un mystérieux ami de Sophie et Alice qui dit appartenir à une société secrète.

Claire: Comment est-ce que vous connaissez cette peinture ?

Adam: Sophie m'a tout dit. Ne vous inquiétez pas, je prends contact avec vous pour vous offrir mon aide.

Claire: Est-ce que vous ou votre société secrète savez quoi que ce soit au sujet de ce tableau ?

Adam: Non, et c'est ce qui m'inquiète. Normalement, nous avons vent des affaires mystérieuses liées au monde de l'art bien avant qu'ils n'arrivent dans le bureau d'un policier, mais dans ce cas, il semble que ce tableau soit sorti de nulle part. Sophie m'a envoyé une photo, mais on n'a pas pu identifier l'artiste. C'est quelqu'un qui a une très bonne technique, mais ce n'est pas quelqu'un de connu.

Claire: Ne vous offensez pas, Adam, mais ce que vous me dites n'est pas très utile...

Adam: Hahaha. C'est vrai. Cependant, il y a quelque chose qu'on a pu découvrir.

Claire: Qu'est-ce que vous avez découvert ?

Adam: Les personnes et les lieux qui apparaissent dans le tableau... sont réels. Et je pense que la personne qui l'a peint essaie de nous avertir de quelque chose.

Vocabulaire

avoir vent de to learn about (*literal:* "to have wind of")
sorti de nulle part came out of nowhere
cependant however
un lieu a place
avertir to warn

26. CINQ SCÈNES

Après l'appel d'Adam, l'inspecteur Gentil appelle Jacques à son bureau. En l'attendant, elle observe attentivement les centaines de détails et personnages qui sont représentés de manière chaotique devant elle, dans le tableau.

Jacques: Qu'est-ce qu'il se passe ? Quelque chose de nouveau ?

Claire: Jacques, combien d'années est-ce que tu as travaillé en patrouille dans les rues de Paris ?

Jacques: Presque cinq ans… mais je préfère travailler dans un bureau, sincèrement.

Claire: Ok, fais-toi un café et rafraîchis-toi la mémoire, parce que c'est le moment d'utiliser ces cinq années d'expérience.

Jacques: Qu'est-ce que tu veux dire ?

Claire: Tu vois le tableau ? Tu vois qu'il y a cinq scènes différentes à cinq endroits différents ?

Jacques: Oui, bien sûr, et dans chaque scène, il y a beaucoup de monde.

Claire: Mais, si tu regardes en détail, tu peux voir ce qui se passe. Regarde ça, tu vois ce que cette personne a dans la main ?

Jacques: C'est une arme ?

Claire: Exactement ! Jacques, j'espère me tromper, mais il me semble que ce tableau nous montre cinq crimes… à cinq endroits dans Paris.

Vocabulaire

un bureau an office
une centaine about a hundred
représenter to depict
de manière chaotique chaotically
une patrouille a patrol
se tromper to be mistaken

27. ANALYSE DE LA PEINTURE

Dans son bureau, Claire analyse le tableau avec Jacques. Elle utilise une loupe pour mieux voir.

Jacques : Qu'est-ce qu'on cherche exactement ?

Claire : On doit trouver des détails qui indiquent le lieu, la date et l'heure. Si je ne me trompe pas, ce tableau représente cinq crimes qui peuvent se produire quelque part à Paris.

Jacques : D'accord, d'accord… Ici, il y a quelque chose que je reconnais ! Ce monument je le reconnaîtrais n'importe où, avec ses tours et sa flèche gothique. En plus, à ses pieds, on peut voir la Seine passer des deux côtés. Ça ne peut être qu'à un endroit...

Claire : Quel endroit ?

Jacques : C'est Notre-Dame de Paris, j'en mettrais ma main à couper !

Vocabulaire

une loupe a magnifying glass
quelque part somewhere
une tour a tower
une flèche a spire
la Seine the river which crosses Paris
un côté a side
Notre-Dame de Paris a famous gothic cathedral in Paris
j'en mettrais ma main à couper i'd bet my life on it.

28. NOTRE-DAME DE PARIS

Jacques vient d'identifier le lieu où se déroule l'une des scènes du tableau. Il s'agit de la cathédrale de Notre-Dame de Paris. Maintenant, lui et l'inspecteur Gentil cherchent s'il y a effectivement un crime qui y est représenté.

Claire: Ok, super boulot ! Tu vois un suspect dans cette scène ?

Jacques: Il y a trop de personnages ! De toute façon, la place devant la cathédrale ressemble vraiment souvent à ça les jours où il y a beaucoup de touristes. Laisse-moi voir… Celui-ci n'a pas l'air suspect, mais il a un journal dans sa poche, et j'ai l'impression qu'on peut voir la date… le 12 septembre !

Claire: Le jour de mon anniversaire !

Jacques: C'est aujourd'hui ! L'heure doit être visible sur l'horloge de la Conciergerie, donne-moi ta loupe !

Claire: Tu vois quelque chose ?

Jacques: Oui, c'est minuscule mais on le voit clairement : l'horloge de la tour montre deux heures et demie de l'après-midi.

Claire: Ok, il n'y a plus qu'à trouver un crime.

Vocabulaire

se dérouler to play out
super boulot ! great job!
de toute façon in any case
une place a square
laisse-moi voir let me see
un journal a newspaper
la Conciergerie a building in Paris used for law courts
minuscule tiny

29. OÙ EST-CE QUE LES TROIS HOMMES CAGOULÉS ENTRENT ?

Claire et Jacques trouvent le lieu, la date et l'heure d'une des scènes représentées dans la peinture mystérieuse qui est apparue au Musée du Louvre, grâce à laquelle ils croient que quelqu'un veut les avertir d'un crime qui se produira dans la ville.

Jacques: Presque tous les personnages sont habillés comme s'il faisait chaud, non ?

Claire: Oui, on dirait, pourquoi ?

Jacques: Parce que je ne vois pas d'arme, mais ces trois gars ont des cagoules. Suspect, non ?

Claire: Très suspect !

Jacques: On dirait qu'ils entrent dans ce local. Qu'est-ce que c'est ?

Claire: On dirait qu'il y a des livres dans la vitrine, non ? Mais qui volerait une librairie ?

Jacques: Ce n'est pas n'importe quelle librairie ! Je sais où c'est...

Vocabulaire

une cagoule a balaclava
un gars a guy
être habillé to be dressed
on dirait it looks like it
un local a room
une vitrine a showcase

30. CONVAINCRE FAURE

L'inspecteur Gentil et Jacques courent parler à l'inspecteur Faure pour lui dire ce qu'ils ont découvert. Ils le trouvent dans son bureau en train de déjeuner.

Claire: Inspecteur ! Nous avons quelque chose d'urgent.

Faure: Que s'est-il passé ?

Claire: Nous pensons qu'il y aura un vol aujourd'hui à deux heures et demie en face de la cathédrale.

Faure: Un vol ? Un vol de quoi ?

Jacques: Nous pensons qu'ils essaieront de voler Shakespeare and Company, l'une des librairies les plus emblématiques de la ville.

Faure: Librairie ?

Jacques: Livres, manuscrits, romans.

Faure: Et comment savez-vous cela ? Y a-t-il un informateur ?

Jacques: Non, c'est dans la peint...

Claire: Bien sûr qu'il y a un informateur ! Un informateur anonyme.

Faure: Qui est-ce ?

Claire: Nous ne savons pas ! On n'en sait encore rien. Il a téléphoné... S'il vous plaît inspecteur, nous devons envoyer une patrouille, c'est dans moins d'une heure !

Faure: Cela ne semble pas très fiable...

Claire: S'il vous plaît, monsieur... c'est mon anniversaire !

Vocabulaire

convaincre to convince
en face across
emblématique iconic
fiable reliable

31. LE PARVIS DE LA CATHÉDRALE

A l'insistance de l'inspecteur Gentil, l'inspecteur Faure lui donne la permission de se rendre sur le parvis de la cathédrale avec une unité de renfort. Claire s'y rend à toute vitesse, avec Jacques. Les quatre policiers de l'unité de renfort les attendent sur la place.

Jacques: Il y a du monde sur la place aujourd'hui ! Regarde de l'autre côté de la Seine, sur le quai, c'est Shakespeare and Company. C'est un beau local ancien, tu ne trouves pas ?

Claire: Oui, ça se voit qu'ils ont des objets de valeur à l'intérieur. Tu vois l'unité de renfort quelque part ?

Jacques: Oui, je pense que ce sont eux là-bas.

Capitaine Mercier: Inspecteur Gentil ? Je suis l'officier Mercier, voici mon équipe. Le commissariat m'a informé qu'ils pensent qu'il pourrait y avoir un vol près du parvis de la cathédrale.

Claire: Exactement, officier. Plus précisément, ce serait à la librairie de Shakespeare and Company à deux heures et demie de l'après-midi.

Capitaine Mercier: Parfait, quel est le plan ?

Claire : Comme vous êtes en uniforme, je pense que vous feriez mieux de rester à proximité, prêts à passer à l'action à mon signal. L'inspecteur Dubois et moi ferons la vigie près de l'entrée.

Capitaine Mercier : Compris ! Tout est clair, messieurs ?

Officiers : Compris, capitaine !

Vocabulaire

un parvis a forecourt
une unité de renfort a backup unit
à toute vitesse quickly
un objet de valeur a valuable object
vous feriez mieux de you'd better
passer à l'action to take action
faire la vigie to keep watch

32. LA TENTATIVE DE VOL

Claire et Jacques se perdent dans la foule des quais, près de la porte de la librairie anglophone Shakespeare and Company. Ils se font passer pour des touristes, ils prennent des photos et ils admirent les façades historiques des bâtiments des quais. Soudain, quand l'heure approche, Jacques s'approche de l'inspecteur Gentil et il lui murmure à l'oreille tout en faisant semblant de prendre un selfie.

Jacques: Je pense que je les vois. Tu vois ces trois hommes ? Ils sont très habillés et je pense que je vois une cagoule dans la poche de l'un d'eux.

Claire: Tu veux dire celui avec un bracelet rouge ?

Jacques: Exactement. Ils regardent la vitrine de Shakespeare and Company. Alerte le capitaine Mercier.

Claire [au talkie-walkie]: Capitaine, vous me recevez ?

Capitaine Mercier [au talkie-walkie]: *Affirmatif.*

Claire [au talkie-walkie]: Je pense que nous les avons identifiés, préparez-vous à agir.

Jacques: Regarde ! Ils se mettent les cagoules, ils sont sur le point d'entrer !

Claire: HAUT LES MAINS !

Vocabulaire

une tentative an attempt
se perdre to get lost
la foule a crowd
murmurer to whisper
une oreille an ear
agir to act
être sur le point de to be on the verge of

33. L'ARRESTATION

Une fois que les trois voleurs ont enfilé leurs cagoules et sorti leurs armes pour braquer la boutique de vieux livres, l'inspecteur Gentil sort son arme et les arrête. Immédiatement, les officiers de l'unité de renfort s'approchent et immobilisent les trois criminels au sol.

Voleur 1: Mais, mais, comment est-ce possible ? Ils ne devraient pas être là !

Voleur 2: Tais-toi. Ferme-la.

Voleur 1: Tu ne le vois pas ? On nous a trahi ! Ils ne devraient pas être ici.

Voleur 2: Mais ferme-la !

Claire: Alors, on se balade sur les quais avec des cagoules et trois armes semi-automatiques ?

Voleur 2: Nous ne parlerons qu'en présence d'un avocat.

Claire: D'accord, il n'y a aucun problème. Capitaine Mercier, emmenez-les au poste de police.

Capitaine Mercier: Bien sûr, inspecteur.

Vocabulaire

une fois que once
enfiler to put on
braquer to rob
immobiliser to freeze
Tais-toi, ferme-la shut up
trahir to betray
se balader to stroll

34. M. DUPONT

Après avoir entendu le scandale à la porte de ses locaux, le propriétaire, M. Dupont, sort pour voir ce qui se passe et remercie en personne l'inspecteur Gentil.

M. Dupont: Ces hommes venaient voler ma boutique ?

Claire: Tout à fait, monsieur. Heureusement, nous avons pu les arrêter à temps. Aviez-vous quelque chose de valeur ?

M. Dupont: Bien sûr, plein de choses, mais ce n'est sûrement pas une coïncidence qu'ils soient venus voler aujourd'hui.

Claire: Que voulez-vous dire, monsieur Dupont ?

M. Dupont: Aujourd'hui, l'un des articles les plus précieux que nous ayons jamais eu est arrivé dans mon magasin... le premier folio de William Shakespeare.

Claire: Qu'est-ce que c'est ?

M. Dupont: Qu'est-ce que c'est ?! C'est l'un des originaux les plus précieux au monde. Unique en son genre. Le collectionneur qui était son propriétaire est décédé et ses enfants l'ont mis en vente. Il sera vendu aux enchères à Paris dans une semaine.

Jacques: Par curiosité, monsieur Dupont. Quelle est la valeur de cet original ?

M. Dupont: Eh bien, la base d'enchères commencera à cinq.

Claire: Cinq mille euros pour un original !?

M. Dupont: Hahaha, mademoiselle, vous êtes très drôle. Bien sûr que non ! Cinq millions !

Vocabulaire

remercier to thank
tout à fait absolutely
plein de loads of
que nous ayons jamais eu we've ever had
décéder to pass away
mettre en vente to put up for sale
vendre aux enchères to auction
par curiosité out of curiosity
une offre de départ a starting bid

35. LE RETOUR AU POSTE

Après avoir assuré à M. Dupont qu'il y aura constamment un gardien de la police à l'extérieur de ses locaux jusqu'au moment de la vente aux enchères, Claire et Jacques retournent au poste de police. En cours de route, ils parlent de l'affaire.

Claire: On dirait que le tableau avait raison.

Jacques: C'est incroyable. Tu penses qu'il nous aidera à anticiper d'autres crimes ?

Claire: Oui, je le pense en effet. Mais le plus grand mystère reste encore...

Jacques: Qui est l'auteur du tableau ?

Claire: Pas exactement. Ce qui m'intrigue le plus, ce n'est pas qui l'a peint, mais comment il savait qu'un crime allait se produire

Jacques: Tu crois que c'est un criminel repenti ? Une sorte de criminel qui a découvert qu'il voulait se consacrer à la peinture ?

Claire: Quelque chose comme ça... C'est possible. C'est certainement quelqu'un qui a accès à de l'information.

Jacques: Cependant, il décide de *nous donner* cette information, ou du moins de l'accrocher dans un musée.

Claire: Et c'est là que réside le plus grand mystère de Tous: pourquoi le ferait-il sous forme de peinture ?

Vocabulaire

en cours de route on the way
se produire to occur
sous forme de by way of

36. LA SALLE D'INTERROGATOIRE

L'inspecteur Faure interroge les braqueurs dans une salle d'interrogatoire du poste de police. L'officier Moreau se tient près de la porte. L'inspecteur Gentil et Jacques s'approchent pour participer à l'interrogatoire.

Claire: Bonjour, officier Moreau. On peut passer ?

Masson: L'inspecteur Faure a donné l'ordre de ne laisser entrer personne pour le moment.

Jacques: Ça c'est bizarre… Ah, le voilà qui sort.

Faure: Bon les gars, je n'ai pas pu apprendre grand-chose.

Claire: Nous aimerions poser des questions aux braqueurs.

Faure: Je les ai déjà interrogé, Gentil, ils n'ont rien dit, nous ne savons même pas leurs noms.

Claire: Avec tout le respect que je vous dois, patron, je voudrais leur poser quelques questions…

Faure: Mmm… D'accord, Gentil, mais c'est votre dernière faveur d'anniversaire.

Claire: Entendu, chef. Juste cinq minutes ; c'est promis.

Vocabulaire

une salle d'interrogatoire an interrogation room
un braqueur a robber
le voilà qui sort here he comes
les gars guys
avec tout le respect que je vous dois with all due respect

37. L'INTERROGATOIRE

Dans la salle d'interrogatoire, les trois braqueurs sont assis côte à côte. Jacques entre après l'inspecteur Gentil et ferme la porte.

Voleur 1: Il ne devrait pas y avoir un miroir dans cette pièce où on nous observe et on écoute de l'autre côté ?

Voleur 2: Tais-toi !

Jacques: Pourquoi tout le monde pose la même question ? On n'est pas dans un film d'Hollywood !

Claire: Personne n'écoute ce qu'on dit. C'est une pièce normale.

Voleur 1: Ok, vous allez encore nous interroger ?

Claire: Ecoutez, les questions c'est nous qui les posons ici, même si je ne veux pas vraiment vous demander quelque chose, mais plutôt vous dire quelque chose… Je soupçonne qu'il y a un informateur, un mouchard, dans votre groupe d'amis.

Voleur 1: Je le savais !

Voleur 2: Mais bon sang tais-toi ! On ne doit rien dire, tu n'as pas pigé ?

Voleur 1: Qui est l'informateur ?

Claire: Je ne suis pas sûre, mais c'est peut-être quelqu'un qui aime la peinture.

Voleur 3 : La peinture ? Quelqu'un qui peint des maisons ?

Claire : Non, la peinture, les tableaux, l'art, ça vous dit quelque chose ?

Vocabulaire

être assis to sit
côte à côte next to each other
c'est nous qui we're the ones
plutôt rather
un mouchard a snitch
bon sang damn it

38. AIDE

Après avoir quitté la salle d'interrogatoire, Jacques et Claire retournent au bureau de Claire, où le tableau les attend.

Claire : Bon, mentionner la peinture ne les a pas fait réagir du tout.

Jacques : Je crois qu'ils n'ont jamais mis un pied dans un musée de leur vie.

Claire : L'auteur ne doit pas faire partie de leur bande... On est très loin de découvrir la vérité sur l'auteur du tableau... Quoi qu'il en soit, on s'en inquiétera après s'être assuré d'avoir empêché tous les crimes qui y sont représentés.

Jacques : D'accord, on ressort les loupes dans ce cas.

Claire : Oui, mais on aurait bien besoin d'un peu d'aide...

Jacques : Tu vas enfin parler à l'inspecteur Faure de la peinture ?

Claire : Non, je pense qu'il vaut mieux le laisser en dehors de tout ça, il a un comportement étrange aujourd'hui. Je vais appeler Sophie, elle en sait plus sur l'art que nous.

Vocabulaire

réagir to react
mettre un pied to set foot
une bande a gang
quoi qu'il en soit in any case
empêcher to prevent
ressortir to get something out again
on aurait bien besoin de we could use
laisser quelqu'un en dehors de to leave someone out of
un comportement a behaviour

39. FAURE FRAPPE À LA PORTE

Claire et Jacques, avec l'aide de Sophie, tentent d'identifier les lieux et les horaires des quatre autres crimes représentés dans le mystérieux tableau. Sophie écrit tout dans un cahier pendant qu'ils découvrent des indices et des pistes dans les différents éléments du tableau.

Sophie: Ok, nous avons donc un étrange colis qui arrivera à la gare du Nord à quatre heures de l'après-midi, un vol dans une bijouterie du quartier du Marais à cinq heures et demie...

Claire: Et une vente de drogue à Montmartre à sept heures ce soir. Quant à la cinquième scène... je n'ai pas fini de déchiffrer ce qui se passe.

Jacques: Ces personnes ici semblent inquiètes, mais elles n'ont pas l'air de criminels.

Claire: Et là il y a une maison avec une fenêtre ouverte, mais on ne voit rien à l'intérieur.

Faure: Toc, toc, toc. Bonsoir.

Claire: Chef, qu'est-ce qu'on peut faire pour vous ?

Faure: J'ai une question... Attendez une minute, qu'est-ce que vous faites ?

Jacques: Nous essayons de déchiffrer...

Claire: On pense que ça pourrait être un faux, Sophie est venue nous aider à analyser le tableau.

Faure: Ok... Je voulais savoir une chose, vous avez pu découvrir quelque chose sur cet informateur qui a prévenu du vol de la librairie ?

Claire: Non... enfin si : il a appelé depuis un téléphone public du centre. Impossible de le localiser.

Faure: D'accord, prévenez-moi s'il rappelle ou si vous découvrez quelque chose de plus.

Claire: Entendu, chef.

Vocabulaire

tenter to try
un cahier a notebook
un indice a clue
une piste a lead
un colis a package
une bijouterie a jewelry store
un quartier a neighborhood
quant à as for
toc toc knock, knock
prévenir to warn
entendu understood

40. LE CINQUIÈME CRIME

Lorsque Faure quitte le bureau de l'inspecteur Gentil, Claire, Jacques et Sophie continuent d'essayer de déchiffrer le cinquième crime qui apparaît dans le tableau.

Jacques: Bon, alors on a une fenêtre ouverte, un groupe de gens très inquiets, il y en a un qui pleure !

Sophie: Et cette voiture ? A l'intérieur, on voit l'heure sur le tableau de bord, il indique 20h30. Il y a une personne à l'intérieur.

Jacques: Comment tu sais qu'il n'y a qu'une seule personne ?

Sophie: Tu ne le vois pas ? Il n'y a que le conducteur à l'intérieur de la voiture.

Jacques: Il pourrait y avoir quelqu'un d'autre, dans le coffre...

Claire: Jacques, tu as raison ! Regardez, il y a un ourson en peluche accroché à la porte du coffre.

Sophie: Tu veux dire que... ?

Claire: Oui, c'est un enlèvement ! La fenêtre ouverte de la maison est celle de la chambre du petit garçon ou de la petite fille, les personnes inquiètes sont les voisins et la famille, qui viennent de se rendre compte de son absence. Bon sang ! Je dois passer un appel urgent !

Jacques : À qui ?

Claire : À Josiane, la nounou de Matthieu. Aujourd'hui, je ne rentrerai chez moi que très tard...

Vocabulaire

pleurer to cry
le tableau de bord a dashboard
un conducteur a driver
un coffre a boot
un ourson en peluche a teddy bear
un voisin a neighbour
se rendre compte de to realise
une nounou a nanny

41. LA STRATÉGIE

Claire, Jacques et Sophie doivent s'organiser pour empêcher les crimes dont le tableau les a avertis.

Jacques: Ok, on devrait parler à Faure, tu ne crois pas ? Comme ça on pourra affecter une patrouille à chaque affaire.

Claire: En fait... Vous allez penser que je suis folle, mais je pense qu'on ne devrait pas en parler à Faure. Il se comporte de façon étrange. En plus, moins il y aura de monde au courant, moins les criminels auront de chances d'être informés.

Jacques: Je ne pense pas que tu sois folle. En fait, je suis d'accord. Ok, donc on s'en chargera tous les deux.

Sophie: Hé, je peux aider moi aussi !

Claire: Sophie, ça peut être dangereux.

Sophie: C'était aussi dangereux quand on a dû empêcher le vol des dessins de Monet. Cet homme avait une arme, tu te souviens ?

Claire: Justement, tu es sûre de vouloir te mettre en danger ?

Sophie: Ça ira. Je serai dans le coin si vous avez besoin d'aide.

Claire : D'accord. Les deux prochains crimes vont bientôt arriver et ils vont se produire à des moments similaires, on devrait donc se séparer. Sophie et moi on ira à la gare du Nord pour voir si on trouve ce paquet suspect qui arrivera à quatre heures, et Jacques ira à la bijouterie pour le vol de cinq heures et demie. Jacques, essaye d'obtenir l'aide de la patrouille locale... et sois prudent !

Jacques : Vous aussi.

Vocabulaire

avertir to warn
fou / folle crazy
se comporter to behave
moins..., moins... the less..., the less...
se charger de to take care of
se séparer to split up

42. À LA GARE DU NORD

Dans l'immense et bondée gare du Nord, Claire et Sophie surveillent le tableau d'affichage des arrivées, en attendant que soit annoncée la plateforme du train de Lille de quatre heures et demie.

Sophie: Ça y est, le tableau dit que le train va arriver au quai numéro onze !

Claire: C'est à l'autre bout de la gare, il faut courir !

Sophie: Allons-y !

Claire: Je vais parler avec les agents de sécurité pour qu'ils mettent en place un contrôle des bagages.

Sophie: Il faut se dépêcher, le train arrive dans seulement cinq minutes. Regarde, il y a un agent de sécurité là-bas.

Claire: Bonjour monsieur, je suis l'inspecteur Gentil, du commissariat central.

Agent de sécurité: Bonjour, inspecteur, comment est-ce que je peux vous aider ?

Claire: Nous avons des raisons de croire qu'un colis contenant des substances illégales arrivera dans ce train venant de Lille. Est-ce qu'il serait possible d'installer d'urgence un contrôle des bagages ?

Agent de sécurité: Bien sûr ! Normalement, on ne fait pas de contrôles de sécurité pour ce train, mais étant donné les circonstances, je mettrai toute l'équipe dessus.

Claire: Merci beaucoup.

Vocabulaire

bondé crowded
un tableau d'affichage a board
en attendant que waiting for
un bout an end
mettre en place to set up
se dépêcher to hurry
d'urgence urgently
étant donné considering

43. LE CONTRÔLE DES BAGAGES

L'équipe de sécurité de la gare du Nord a installé un contrôle des bagages. Quand le train de Lille arrive, tous les passagers doivent former une longue file et montrer le contenu de leurs bagages un par un. Ils ne trouvent rien de bizarre, jusqu'à ce qu'une femme avec un foulard rouge sur la tête ouvre son sac à main...

Agent de sécurité : Ici, on a quelque chose ! C'est un sachet de poudre blanche.

Claire : Voyons voir, qu'est-ce que c'est que ce sachet ?

Agent de sécurité : Madame, qu'est-ce que vous avez ici ?

Femme au foulard rouge : Ce n'est rien, c'est de la saccharine.

Claire : Saccharine ? Ce n'est pas de la saccharine... mais ça n'a pas non plus l'air d'être de la drogue... Il y a une étiquette, mais c'est en chinois. Officier, est-ce que quelqu'un de votre équipe parle chinois ?

Agent de sécurité : Non, mais l'un des vendeurs des buralistes de la gare est chinois, mon ami Allan. Je vais le chercher tout de suite.

Vocabulaire

installer to set up
une file a line
un foulard a scarf
un sac à main a handbag
un sachet a bag
une poudre a powder
une étiquette a label
un buraliste a tobacconist
tout de suite right now

44. LA SUBSTANCE ÉTRANGE

L'officier revient quelques minutes plus tard avec Allan, son ami chinois qui travaille dans la gare du Nord dans l'un des bureaux de tabac. La femme au foulard rouge semble nerveuse. Allan salue l'inspecteur Gentil et Sophie et il lit l'étiquette du sachet suspect. Quand il lit ce qui est écrit, il est horrifié !

Allan : Je n'en crois pas mes yeux ! C'est affreux !

Claire : Que dit l'étiquette ?

Allan : Il est écrit "corne de rhinocéros noir".

Claire : Quoi ?! L'espèce de rhinocéros qui a disparue il y a quelques mois parce qu'ils ont été tués pour leurs cornes ?

Allan : Exactement... c'est horrible ! Cela doit valoir une fortune... mais le pire c'est qu'un animal en voie d'extinction soit mort. En médecine chinoise, beaucoup pensent qu'il a des propriétés curatives. Je pense que c'est horrible qu'ils tuent des animaux pour ça.

La Femme au foulard rouge : Je n'en savais rien ! C'est un ami qui me l'a donné... il a dit que c'était de la saccharine. Je devais l'emmener chez un de ses amis ici à Paris.

Claire : Gardez votre histoire pour l'interrogatoire. Il s'agit d'une substance illégale et vous risquez fort d'aller en prison... Merci pour votre aide, Allan.

Allan: Il n'y a pas de quoi, inspecteur.

Vocabulaire

un bureau de tabac a tobacconist's shop
affreux awful
une corne a horn
tuer to kill
valoir une fortune to be worth a fortune
un animal en voie d'extinction an endangered animal
curatif curative
garder to keep
risquer fort de to be likely to
il n'y a pas de quoi you're welcome

45. LE VOL DE LA BIJOUTERIE

Quand Claire et Sophie quittent la Gare du Nord en emmenant la femme au foulard rouge au commissariat, elles appellent Jacques en chemin pour s'informer de ses progrès dans l'affaire du vol de la bijouterie.

Claire: Jacques, comment ça s'est passé ?

Jacques: Bien, nous venons d'embarquer les voleurs dans la voiture de la patrouille et ils sont sur le point de partir pour le commissariat. Seulement…

Claire: Quoi ? Qu'est-ce qu'il s'est passé ?

Jacques: Eh bien, j'ai eu un peu de mal à obtenir l'aide de la patrouille locale. Au début, ils disaient que la bijouterie n'était pas dans la rue dans laquelle ils devaient patrouiller aujourd'hui… Jusqu'à ce que je les prévienne que si cette bijouterie était braquée, je les tiendrais pour directement responsables. Alors ils ont commencé à collaborer.

Claire: Ok, oui, c'est vraiment étrange. Tu sais quoi ? Tu ferais mieux de ne pas les emmener au commissariat central. Mieux vaut les emmener au poste de police du quartier. Ça te va ?

Jacques: Compris.

Claire: Et ensuite direction Montmartre, il faut empêcher cette vente de drogue.

Vocabulaire

embarquer to get in
tenir pour responsable to hold accountable

46. LA VENTE DE DROGUES

Claire et Sophie sont dans la voiture de Claire. De loin, elles observent Jacques qui se tient dans un recoin, dans l'obscurité.

Sophie: Je ne comprends pas, qu'est-ce qu'il fait ?

Claire: Il ne fait rien.

Sophie: Rien ?

Claire: Exactement. Dans ces cas, le mieux c'est d'aller à l'endroit où on sait que quelqu'un distribuera de la drogue et y rester. Normalement, le trafiquant de drogue s'approchera et t'en proposera, surtout si tu es un jeune : c'est son marché principal.

Sophie: C'est horrible.

Claire: Vraiment horrible. La drogue est nocive en soi, mais les substances qu'on lui ajoute pour augmenter son volume sont très nocives. Des jeunes en meurent tous les jours... Regarde, là, quelqu'un s'approche !

Sophie: Il parle avec Jacques.

Claire: Regarde bien ce que Jacques va faire quand l'homme lui serrera la main.

Sophie : Il l'a menotté ! Il l'a fait super vite !

Claire : Jacques est le plus rapide des policiers de Paris avec ces menottes ! Reste ici. Je vais l'aider.

Vocabulaire

un recoin a corner
une obscurité in the dark
un trafiquant a dealer
proposer to offer
un marché a market
nocive harmful
mourir to die
serrer la main to shake hands
serrer to tighten
menotter to handcuff

47. L'ENLÈVEMENT

Claire, Jacques et Sophie ont déjà empêché quatre des cinq crimes représentés dans le mystérieux tableau apparu au Louvre de se réaliser. Il ne reste que le dernier des crimes. Ils pensent que ce sera un enlèvement à huit heures et demie du soir, mais ils ne connaissent pas l'adresse exacte. Ils ont seulement pu identifier que cela se passera dans le quartier des Halles.

Claire: Il est huit heures vingt. Je suis inquiète. Vous voyez quelque chose ?

Jacques: Rien. Heureusement, on apercevra tout de suite la voiture ici comme le quartier est presque entièrement piéton.

Sophie: Et ça c'est une échelle ?

Claire: Tu as raison ! Que fait cette échelle contre cette maison ? La fenêtre est ouverte ? Descendons, on va sonner à la porte de cette maison.

Sophie: Ok, je descends avec toi... Regardez, il y a une voiture qui s'éloigne rapidement !

Jacques: Restez ici ! Je vais la poursuivre.

Vocabulaire

se réaliser to come true
heureusement fortunately
apercevoir to catch sight of
piéton pedestrian
une échelle a ladder
contre against
descendre to go down
s'éloigner to drive away
poursuivre to chase

48. LE CRI

Au moment où Jacques part à la poursuite de la voiture, un cri retentit de l'intérieur de la maison où Claire et Sophie allaient sonner. Quelques secondes plus tard, elles voient une femme se pencher à la fenêtre ouverte. Puis la femme descend et ouvre la porte.

Femme: Ma fille ! Ma petite fille ! Où est ma fille ? Pourquoi il y a une échelle à côté de sa fenêtre ?

Claire: Madame, nous sommes de la police. Je suis l'inspecteur Gentil. On s'est arrêtés ici parce qu'on a vu l'échelle. Mon collègue poursuit une voiture qui partait. On doit attendre.

Femme: Ce n'est pas possible ! Ma fille !

Claire: Madame, désolée de vous demander cela, mais est-ce qu'il est possible qu'elle ait été kidnappée ? Est-ce que votre famille a de l'argent ou un ennemi ?

Femme: Des ennemis non, mais je ne nierai pas que nous sommes riches. En plus, beaucoup de gens savent que je suis à l'aise économiquement parce que j'ai un poste haut placé... Je suis présidente d'une entreprise technologique.

Claire: D'accord, madame. On va faire de notre mieux pour retrouver votre enfant. Voilà mon collègue.

Vocabulaire

un cri a scream
retentir to resound
se pencher to lean
l'argent money
nier to deny
être à l'aise to be comfortable
un poste a position

49. LE RETOUR DE JACQUES

Jacques revient dans sa voiture. Cependant, il revient seul.

Jacques: Claire ! On doit appeler le commissariat. Ils se sont échappés. Je les ai poursuivi, mais je n'ai pas réussi à les suivre d'assez près : ils étaient loin, ils allaient très vite et je les ai perdus.

Femme: Nooon ! Ma fille !

Jacques: Je suis désolé, madame. Mais je vous assure qu'on récupérera votre fille. J'ai pu mémoriser la plaque d'immatriculation de la voiture, en plus du modèle et de la couleur. Il est probablement volé, mais c'est un bon début.

Femme: S'il vous plaît, retrouvez ma fille !

Claire: On va le faire. Sophie, reste avec la dame. Je vais aller à la voiture pour demander des renforts.

Vocabulaire

revenir to come back
réussir à to manage to
suivre to follow
récupérer to find
une plaque d'immatriculation a license plate
demander des renforts to call for backup

50. AU COMMISSARIAT

Après l'arrivée des renforts au domicile de la femme, Claire, Jacques et Sophie retournent au commissariat, à la demande expresse de Faure. Quand Claire entre dans son bureau, Faure est là, l'attendant. Il a l'air très en colère.

Faure: Un vol dans une bijouterie ? Un colis suspect à la Gare du Nord ? Une vente de stupéfiants ? Un enlèvement ! Vous avez agi toute la journée dans mon dos. Qu'est-ce qui se passe ?

Claire: On est désolés, monsieur, on a reçu plus d'informations de l'informateur anonyme et on a décidé d'agir sans en parler à personne parce qu'on a des soupçons concernant quelqu'un dans le commissariat. On regrette de ne pas vous l'avoir dit.

Faure: Écoutez, Gentil, *j'ai besoin* de savoir qui est cet informateur.

Claire: On n'en sait rien ! Vraiment monsieur. C'est un informateur totalement anonyme.

Faure: Mais vous n'avez pas pu suivre ses appels ? C'est sûrement un criminel, un chef de la mafia ou quelqu'un avec les mains sales pour être au courant de tous les crimes à Paris.

Claire: C'est juste que… on n'a pas suivi ses appels parce que… il n'a pas appelé.

Vocabulaire

à la demande expresse de by special request of
avoir l'air en colère to seem angry
un stupéfiant a narcotic
agir dans mon dos to go behind my back
un soupçon a suspicion
avoir les mains sales to have their hands dirty

51. LA VISITE INATTENDUE

Faure et Claire discutent de l'informateur anonyme qui les a informés des crimes, lorsque quelqu'un arrive au bureau de Claire.

Matthieu: Maman !

Claire: Mon chéri ! Quelle bonne surprise ! Qu'est-ce que tu fais là ? Tu te promenais avec Josiane ?

Josiane: Bonsoir, Claire. On revaenait du cinéma et on passait justement dans le quartier, Matthieu m'a demandé d'entrer, j'espère que ça ne te dérange pas.

Claire: Bien sûr que non. De toute façon, j'étais sur le point de rentrer chez moi, il est plus de neuf heures ! Ça te dirait d'aller dîner et dormir, mon chéri ?

Matthieu: Ce serait génial !

Claire: Tu peux rentrer chez toi, Josiane. Je m'en charge.

Josiane: D'accord, au revoir !

Matthieu: Salut Josiane ! Je t'aime ! C'est quoi ce tableau, maman ? C'est très beau…

Claire: Tu peux le regarder pendant que je termine de parler avec mon chef, Matthieu.

Vocabulaire

inattendu unexpected
se promener to take a walk
déranger to bother
ça te dirait de do you want to, fancy

52. FAURE SE REND COMPTE

Pendant que Matthieu regarde le tableau, Faure et l'inspecteur Gentil terminent leur conversation sur les affaires de la journée. Matthieu observe le tableau du musée.

Claire: Ok, patron, comment se passe le travail de la brigade anti-enlèvement ?

Faure: Ils vont travailler dur toute la nuit, mais je doute qu'on apprenne quoi que ce soit sur les ravisseurs avant demain. Ils ont déjà découvert quelque chose sur la voiture que Jacques poursuivait : elle a été volée.

Claire: C'est ce que je m'imaginais. Eh bien, on reprend demain.

Faure: Ne croyez pas que j'ai oublié l'affaire de l'informateur, Gentil. Demain, j'ai des rendez-vous dans la matinée, mais dès mon arrivée, vers midi, il faudra qu'on en parle.

Claire: D'accord, entendu, chef.

Matthieu: Maman, ça ressemble à mes livres "Où est Charlie ?".

Claire: Oui, mon chéri, exactement.

Matthieu: J'ai déjà trouvé tous les méchants.

Claire: Euh, d'accord, mon chéri, on en parlera plus tard.

Faure: Comment... ? Qu'est-ce que tu veux dire par tous les méchants, Matthieu ?

Matthieu: Tous les méchants ont un foulard rouge !

Faure: C'était le tableau... Gentil, qui a peint ce tableau ?

Claire: Je vous l'ai déjà dit, chef, il est apparu au Louvre. On essaie de le découvrir.

Faure: D'accord. Je dois partir. On se parle demain.

Matthieu: Au revoir, chef !

Vocabulaire

une brigade squad
un ravisseur a kidnapper
reprendre to resume
une matinée a morning
ressembler à to look like
où est charlie ? where's Waldo?
un méchant a bad guy

53. LES FOULARDS ROUGES

Lorsque Faure part, Claire regarde attentivement la peinture. Après un certain temps, elle appelle Jacques et Sophie, qui étaient dans le bureau de Jacques.

Claire: Matthieu a découvert quelque chose, n'est-ce pas, mon chéri ?

Jacques: Salut Matthieu !

Matthieu: Salut Jacques. Oui, j'ai découvert quelque chose, je suis inspecteur, comme vous !

Claire: Pourquoi tu ne dis pas à Jacques et Sophie ce que tu as découvert en regardant le tableau, mon chéri ?

Matthieu: Je regardais le tableau, qui ressemble beaucoup à mes livres "Où est Charlie ?", et je me suis rendu compte qu'il y avait beaucoup de méchants. Je les ai trouvés très vite, car ils ont tous un foulard rouge.

Sophie: Mon Dieu ! C'est vrai ! Comment ça se fait qu'on ne l'a pas remarqué avant ?

Jacques: Qu'est-ce que ça signifie ?

Claire: Cela peut signifier deux choses : ou que tous ces criminels appartiennent à la même bande... ou que quelqu'un leur donne des foulards comme identification, pour se protéger.

Sophie: Je ne comprends pas, comment ça ?

Claire: Ce ne serait pas la première fois. En général, il s'agit de corruption policière. Un policier corrompu offre une protection aux criminels en échange d'argent. L'identification, dans ce cas le foulard, sert à ce que les patrouilles, qui facturent également leur part, ne tirent pas ou ne poursuivent pas les criminels.

Vocabulaire

un certain temps a while
ou… ou… either… or…
appartenir à to belong to
sert à ce que ensures that
facturer to charge
une part a share
tirer to shoot

54. LE SUSPECT

Claire, Jacques, Sophie et Matthieu sont dans le bureau de Claire, ils discutent des foulards rouges qui identifient les criminels dans le tableau.

Jacques: Un instant... tu te méfies de Faure ?

Claire: Malheureusement oui !

Sophie: Non ! Tu crois ?

Claire: Sincèrement, je ne voudrais pas que ce soit vrai, mais il s'est comporté de façon très étrange toute la journée... Surtout maintenant quand Matthieu a parlé des foulards. Avant, il voulait surtout en savoir plus sur l'informateur ; quand il s'est rendu compte que tout était dans le tableau, alors il est simplement parti, il n'a rien demandé sur les foulards, comme s'il savait déjà ce qu'ils signifiaient.

Jacques: Peut-être qu'il n'est pas corrompu, mais qu'il protège un ami.

Claire: Peut-être...

Matthieu: Maman... je suis fatigué.

Claire: D'accord, rentrons à la maison, mon chéri. Jacques, Sophie, rentrez chez vous. On reprendra tout ça demain.

Jacques: D'accord, tiens-nous au courant si tu apprends quelque chose de nouveau.

Claire: Bien sûr, vous aussi.

Vocabulaire

se méfier de to be suspicious of
une journée a day
surtout especially
tenir au courant to keep informed

55. BONNE NUIT

Claire rentre chez elle avec son fils Matthieu. Après avoir préparé le dîner et lui avoir donné un bain, elle le met au lit.

Claire: Tu veux un de tes livres ?

Matthieu: Non merci maman. Je suis fatigué.

Claire: D'accord. La journée a été longue pour tous les deux.

Matthieu: Maman, je peux te poser une question ?

Claire: Oui, bien sûr, tout ce que tu veux.

Matthieu: Ton chef est un méchant ?

Claire: Je ne sais pas, mon chéri. De toute façon, n'oublie pas que tout ce que tu entends dans le bureau de maman est totalement confidentiel... tu sais ce que ça veut dire le mot *confidentiel* ?

Matthieu: Non, ça veut dire quoi ?

Claire: Ça veut dire que c'est quelque chose de secret, que tu ne peux dire à personne.

Matthieu: D'accord... mais il est un méchant ?

Claire: Je le saurai bientôt, mon chéri, je le saurai bientôt. Maintenant il faut dormir !

Matthieu: D'accord. Bonne nuit, maman. Je t'aime.

Claire: Moi aussi je t'aime, mon chéri. Bonne nuit.

Vocabulaire

donner un bain to bathe

56. ADAM RAPPELLE

Après que Matthieu se soit endormi, Claire est retournée dans le salon, où elle était assise en train de prendre le thé. Soudain, un appel téléphonique la surprend.

Claire: Allô, c'est qui ?

Adam: Bonsoir Claire. C'est moi, Adam.

Claire: Bonsoir, Adam. Vous avez entendu parler de tout ce qu'il nous est arrivé aujourd'hui ?

Adam: Oui, je viens d'en parler avec Sophie, elle m'a tout raconté.

Claire: Qu'est-ce que vous en pensez ?

Adam: Je pense que l'idée de corruption policière est logique... J'ai également découvert certaines choses.

Claire: Qu'est-ce que vous avez appris ?

Adam: Eh bien, pour commencer, les foulards rouges ont été vus par plusieurs témoins dans des crimes violents ces dernières années. Nous avons examiné les archives des journaux et, la plupart de ces crimes, se sont justement produits dans des endroits où il y avait normalement un contrôle policier mais qui, pour une raison quelconque, n'était pas présent à ce moment-là.

Claire: C'est donc quelque chose qui se passe sous nos yeux depuis un moment.

Adam : Oui, mais maintenant quelqu'un vous a prévenu…

Vocabulaire

rappeler to call back
surprendre to surprise
entendre parler de to hear about
un témoin a witness
la plupart de most
justement fittingly
se passer sous nos yeux to happen before our eyes

57. CONVERSATION AVEC ADAM

L'inspecteur Gentil parle à Adam au téléphone. L'homme, membre d'une société d'enquêteurs privés, collabore dans cette affaire parce qu'il est ami avec Sophie et Alice.

Adam: J'ai parcouru toutes les archives des galeries et des musées, et je ne trouve personne qui peint comme l'artiste de la peinture mystérieuse.

Claire: C'est peut-être quelqu'un qui n'a pas encore présenté de tableau au monde, vous ne pensez pas ?

Adam: C'est possible. Dans tous les cas, la technique est très bonne. C'est définitivement quelqu'un avec une formation artistique.

Claire: J'en tiendrai compte. De toute façon, maintenant je m'inquiète davantage de savoir qui protège ces criminels… et ce qui m'inquiète le plus, c'est cette petite fille. Si seulement on était arrivés une minute plus tôt.

Adam: Je suis sûr que tout ira bien. On ne peut rien y faire, il faut poursuivre le travail…

Vocabulaire

parcourir to browse
une formation a training
tenir compte de to take into account
davantage more
poursuivre to continue

58. ÉTAPES À SUIVRE

Claire et Adam continuent de parler du mystère de la peinture et des prochaines actions qu'ils devront effectuer pour le résoudre. De plus, l'inspecteur Gentil fait des aveux.

Adam: Eh bien, si cela ne vous dérange pas que je vous demande, Claire, qu'est-ce que vous pensez faire ensuite ?

Claire: Je ne l'ai pas dit à Jacques et Sophie, car je sais qu'ils auraient essayé de m'en dissuader, mais demain... je vais suivre mon chef.

Adam: Vous allez suivre l'inspecteur Faure ?

Claire: Oui, il a dit qu'il avait des rendez-vous prévus le matin. Je veux savoir où il va aller.

Adam: Claire, je peux vous poser une question ?

Claire: Bien sûr.

Adam: Pourquoi vous me dites tout ça ? Pourquoi est-ce que vous me faites confiance ?

Claire: Adam... je suis inspecteur. Je connais le Club des Historiens depuis des années.

Adam: Vous nous connaissez ?

Claire: Bien sûr, et je sais tout de vous, Adam... « L'homme au chapeau ».

Vocabulaire

résoudre to solve
faire des aveux to confess
un aveu an admission
dissuader to talk me out of it
un chapeau a hat

59. SUIVRE FAURE EN FILATURE

Le lendemain, l'inspecteur Gentil se rend tôt près du domicile de son patron, l'inspecteur Faure, pour le suivre quand il quitte sa maison. Cependant, alors qu'elle attend dans sa voiture, une personne inattendue apparaît.

Lucas: Inspecteur Gentil ! C'est vous ?

Claire: Ah ! Lucas, tu m'as fait peur. Je ne pensais pas te voir ici.

Lucas: Je vis ici dans cette maison. Une minute... vous attendiez mon père ?

Claire: Euh... oui, je l'attendais pour lui parler un moment avant d'aller au bureau.

Lucas: Ça à l'air d'être confidentiel, je ne demanderai rien de plus.

Claire: Tu vas où si tôt ? Tu vas déjà au musée ?

Lucas: Non, je ne vais pas au musée avant midi. Maintenant, j'ai cours à l'université. Voilà mon bus, à plus tard !

Claire: Au revoir ! Bonne journée.

Vocabulaire

suivre en filature to tail
faire peur to scare
avoir cours to have class

60. L'IMMEUBLE EN CONSTRUCTION

Lorsque Lucas part, l'inspecteur Gentil voit l'inspecteur Faure sortir de sa maison. Elle le suit dans sa voiture pendant un moment, jusqu'à ce qu'ils atteignent un immeuble en construction. À une distance prudente, elle le suit et entre dans le bâtiment, où elle peut l'entendre parler à quelqu'un.

Faure: Elle ne sait pas qui est impliqué, mais je pense qu'elle est proche... quelqu'un lui donne des informations.

Homme 1: Ce n'est pas un des nôtres ! Ça doit être quelqu'un de ton département.

Faure: Bien sûr que non. Tous mes hommes sont dignes de confiance... C'est quelqu'un qui a peint un tableau.

Homme 2: Et lui ?

Faure: Lui en particulier a toute ma confiance.

Homme 1: Pourquoi on ne l'a jamais vu ici avant ?

Faure: Parce qu'il vient de rejoindre notre cause, mais faites-lui confiance... Bon, parlons affaires. Voici les foulards. N'oubliez pas de les porter à un endroit visible... Je m'assurerai que la zone soit libre à trois heures et demie le 8 octobre.

Homme 2: Parfait... C'est quoi ce bruit ?

Faure : Il y a quelqu'un là-bas ?

Vocabulaire

un immeuble a building
atteindre to reach
un des nôtres one of us
digne de confiance trustworthy
avoir ma confiance to have my trust
faire confiance à to trust
rejoindre to join
parler affaire to talk business
une zone an area

61. LA FUITE

L'inspecteur Gentil parvient à se faufiler à l'intérieur du bâtiment avant qu'ils ne la voient, mais les malfrats et les policiers corrompus sont sur ses talons. Elle pense qu'elle va réussir à s'échapper en sortant par un escalier de secours, mais la porte est verrouillée. Les criminels s'approchent. L'inspecteur Gentil sort par une fenêtre. Elle ne peut aller nulle part...

Faure: Il est passé où ? Toi, va voir dehors !

Homme 1: Tu as pu voir qui c'était ?

Faure: Non, je ne l'ai pas vu. Et toi ?

Homme 1: Non plus. Il ne peut pas être bien loin... Il n'y a aucun moyen de sortir d'ici.

Faure: EH BIEN CHERCHEZ MIEUX DANS CE CAS ! Si cette personne a entendu notre conversation, on est finis ! Alors vous feriez mieux de la trouver... Et si vous lui mettez la main dessus... J'espère que vous prendrez les mesures nécessaires !

Vocabulaire

se faufiler to sneak in
un malfrat a thug
s'échapper to escape
verrouiller to lock
nulle part nowhere
il n'y a aucun moyen de there is no way to
être fini to be done for
mettre la main dessus to get hold of

62. LE SAUVETAGE

Claire est coincée devant une fenêtre, où l'inspecteur Faure et les malfrats ne peuvent pas la voir. Elle est au troisième étage, elle ne peut donc pas sauter dans la rue sans se blesser. Ils semblent sur le point de la trouver... quand elle entend quelqu'un l'appeler d'en bas.

Jacques: Pssst, pssst.

Claire: Jacques... chut... qu'est-ce que tu fais là en bas ?

Jacques: Je t'expliquerai plus tard. Écoute... je vais essayer de monter cet échafaudage jusqu'où tu es.

Claire: Quel échafaudage ?

Jacques: Celui-là, avec les pots de peinture... les peintres l'ont sûrement utilisé... Quelqu'un ouvre la fenêtre ! Monte ! VITE !

Homme 2: Regardez ! Quelqu'un s'échappe par cet échafaudage !

Homme 1: Chef, on tire ?

Faure: Laissez-la partir. Elle n'aura jamais assez de preuves pour m'incriminer !

Vocabulaire

coincer to be stuck
un étage a floor
sauter to jump
se blesser to hurt oneself
chut shush
un échafaudage a scaffolding
monter to go up
un pot de peinture a can of paint
un peintre a painter

63. EN FUITE

Claire descend rapidement de l'échafaudage quand elle est à moins d'un mètre du sol. Elle s'enfuit avec Jacques jusqu'à sa voiture, qui est garée au coin de la rue.

Jacques: Tu penses qu'ils t'ont vu ?

Claire: Ils n'ont sûrement pas vu mon visage... mais Faure m'a peut-être reconnue... Attends une minute, qu'est-ce que tu faisais là-bas ?

Jacques: Je suivais Faure... comme toi. Je m'imaginais que tu allais faire quelque chose du style, alors je t'ai suivi aujourd'hui.

Claire: Eh bien, la prochaine fois préviens-moi... tu pourras venir avec moi. En tout cas, merci !

Jacques: Qu'est-ce que tu as découvert ?

Claire: Beaucoup de choses... des choses horribles.

Vocabulaire

une fuite an escape
s'enfuir to escape
un visage a face
reconnaître to recognise
quelque chose du style something like that
en tout cas in any case

64. DANS LA VOITURE

Sur le chemin du commissariat, Claire explique à Jacques tout ce qu'elle a entendu dans le bâtiment en construction.

Jacques: Je n'arrive pas à croire que notre chef soit corrompu ! C'est donc lui qui donne ces foulards rouges aux criminels...

Claire: Exactement. C'est une façon de marquer ceux qui ont payé la protection de la police. Comme ça, quand les policiers les voient, ils savent qu'ils ne doivent pas les arrêter, ni les attraper, ni tirer.

Jacques: Comment ça se fait qu'on en a jamais entendu parler ?

Claire: Faure sait qu'on n'est pas corrompus. Il n'aurait jamais pris le risque de nous proposer d'en faire partie.

Jacques: Tu as une idée de qui était cet autre policier avec lui ?

Claire: Non, il n'a pas ouvert la bouche et je n'ai pas pu jeter un œil pour voir son visage. De toute façon, ça pourrait être n'importe qui.

Jacques: Et maintenant qu'est-ce qu'on fait ?

Claire: Maintenant, on doit obtenir des preuves pour pouvoir l'accuser.

Vocabulaire

attraper to catch
comment ça se fait que how come
faire partie de to be a part of
une bouche a mouth
jeter un œil to take a look
de toute façon in any case
n'importe qui anyone
accuser to charge

65. LE SECRET DE LA PEINTURE

Quand ils arrivent au commissariat, l'inspecteur Gentil court avec Jacques dans son bureau. Elle regarde le tableau.

Jacques : Qu'est-ce que tu cherches ?

Claire : Je suis sûre qu'il y a autre chose ici qu'on a pas encore vu.

Jacques : À quoi tu penses ?

Claire : Je ne sais pas... Une piste... un détail... un personnage qu'on a pas vu...

Jacques : À quoi tu t'attends ? Trouver Faure en train de recevoir un pot de vin au milieu de l'image ?

Claire : Eh bien... ce n'est pas une mauvaise idée. Celui-là lui ressemble, tu ne trouves pas ?

Jacques : C'est vrai. Il ne reçoit pas de pot-de-vin... il est juste debout...

Claire : Il regarde tout. Tu ne trouves pas qu'il y a quelque chose de bizarre dans ses vêtements ? Comme s'il avait quelque chose dans sa poche ? Il a un relief différent de celui des autres personnages.

Jacques : Tu crois qu'il peut y avoir quelque chose sous la peinture ?

Claire: Nous allons voir. J'ai besoin d'un détecteur de métaux !

Vocabulaire

autre chose something else
s'attendre à to expect
un pot de vin a bribe
les vêtements clothes
une poche a pocket

66. LA CARTE MÉMOIRE

Après que Jacques ait couru chercher un détecteur de métaux, l'inspecteur Gentil le passe lentement à la surface de la peinture. En effet, lorsqu'il passe sur le personnage qui ressemble à Faure, le détecteur fait un léger « bip ».

Claire: Il y a quelque chose ici, c'est sûr. Tu as un couteau ?

Jacques: Bien sûr, j'ai mon canif.

Claire: Prête-le moi une minute.

Jacques: Bien sûr, tiens.

Claire: Maintenant, tout doucement, je vais essayer de retirer ce qu'il y a là-dedans...

Jacques: Fais attention à ne pas le casser...

Claire: Ça y est, il est sorti !

Jacques: Qu'est-ce que c'est ?

Claire: C'est... une carte mémoire ! Et je te parie cinquante euros qu'il y a dedans toutes les preuves dont on a besoin.

Vocabulaire

un couteau a knife
un canif a pocket knife
prêter to lend
doucement gently
ça y est that's it
parier to bet

67. LES FICHIERS

L'inspecteur Gentil vient de trouver une carte mémoire cachée sous la peinture du Louvre. Rapidement, elle l'insère dans un lecteur et elle l'ouvre sur son ordinateur.

Claire: Il y a des dizaines de fichiers.

Jacques: Qu'est-ce que c'est ?

Claire: On dirait des fichiers audio. Écoutons-en un...

Faure [enregistrement]: Mon équipe va libérer la zone un peu avant deux heures et demie pour que vous puissiez continuer le travail librement. N'oubliez pas que c'est une zone très touristique, je ne veux pas de blessés.

Homme [enregistrement]: Entendu, chef. On va simplement prendre le livre et on sera sorti en un clin d'œil. Il n'y aura pas de problème.

Jacques: On dirait qu'ils parlent du vol de la librairie...

Claire: Oui c'est ça. Le fichier s'appelle "1209-1430"... Douze, zéro neuf. C'est la date du vol ! Et quatorze heures trente, c'est l'heure. Il y en a d'autres avec la même date... ça doit être les autres crimes. Mais regarde, il y en a beaucoup plus. On a des preuves de nombreux autres crimes coordonnés avec la police. On va devoir tous les écouter...

Vocabulaire

un fichier a file
libérer to clear
un blessé an injured person
en un clin d'oeil in the blink of an eye

68. QUI SONT LES RAVISSEURS ?

L'inspecteur Gentil est sur le point d'écouter les fichiers audio qu'elle a trouvés sur la carte mémoire. Mais, Jacques l'interrompt. Il semble très inquiet.

Jacques: Attends, avant d'écouter tout ça, tu ne crois pas qu'on devrait se concentrer sur l'enlèvement ? Qui sait où est cette petite fille ?

Claire: Bien sûr, tu as complètement raison. Regarde, ça doit être le fichier. Il a la date et l'heure correctes.

Jacques: Ok, voyons ce qu'il dit.

Claire: D'accord.

Faure [enregistrement]: Eh bien, il doit y être à huit heures et demie précises.

Homme [enregistrement]: Tu sais que j'ai du mal à être ponctuel...

Faure [enregistrement]: Rosco, je suis sérieux. Je peux seulement t'assurer un délai de cinq minutes.

Homme [enregistrement]: D'accord, d'accord. J'y serai à huit heures et demie, ne t'inquiète pas.

Claire: Tu as entendu ça ?

Jacques: Quoi ?

Claire: Il a dit « Rosco »?

Vocabulaire

avoir du mal à to struggle with

69. ROSCO

Claire et Jacques écoutent le fichier audio où l'inspecteur Faure négocie avec les ravisseurs qui ont emmené la petite fille dans le quartier des Halles. Claire a entendu quelque chose dans l'enregistrement qui a retenu son attention, alors ils l'écoutent à nouveau...

Claire : Oui, il a dit « Rosco ».

Jacques : Qui est Rosco ?

Claire : Tu es très jeune… C'est une affaire d'il y a une quinzaine d'années. Robert Jacob, connu de tous comme « Rosco », était un délinquant du genre qui aime la diversité...

Jacques : La diversité ?

Claire : Oui, lui et ses amis ont commis les crimes les plus divers : jeux illégaux, drogues, contrebande, extorsion et, enfin, enlèvements. Une fois il a été payé pour kidnapper la petite amie d'un politicien important et, quand il a vu tout l'argent qu'il pouvait tirer des enlèvements, il a commencé à en faire de plus en plus.

Jacques : Et il n'a jamais été attrapé ?

Claire : Si, bien sûr, et il est allé en prison. Je crois qu'il a été condamné à une vingtaine d'années de prison. Il a dû très bien se comporter, car on dirait qu'ils l'ont laissé sortir avant...

Vocabulaire

un ravisseur a kidnapper
retenir son attention to grab her attention
en tirer de l'argent to get money out of it
condamner to sentence

70. LE COFFRE-FORT

Claire et Jacques ont déjà découvert qui est le kidnappeur, un criminel ex-détenu qui avait réalisé de nombreux enlèvements dans le passé.

Jacques: Et tu sais où Rosco pourrait se trouver actuellement ?

Claire: Oui, j'ai une idée très claire de l'endroit où il pourrait être...

Jacques: Son ancien repaire ?

Claire: Non, la maison de sa mère. J'ai interrogé cette femme une douzaine de fois et elle ne nous a jamais rien dit. Je suis sûre qu'elle le protège en ce moment.

Jacques: Attends, qu'est-ce qu'on fait avec la carte mémoire ? Tu ne penses pas la laisser ici, non ?

Claire: Bien sûr que non. C'est vrai. Qu'est-ce qu'on fait ? On la prend avec nous ?

Jacques: J'ai une meilleure idée. J'ai un petit coffre-fort dans mon bureau où je conserve les coordonnées de certains policiers infiltrés. Personne ne connaît le mot de passe, sauf moi. Tu veux qu'on la laisse là pendant notre absence ?

Claire: Oui, bien sûr. Tiens, ne la perds pas.

Jacques : On se voit à la voiture dans cinq minutes ?

Claire : Oui, parfait. On se voit en bas.

Vocabulaire

un détenu an inmate
un repaire a lair
un coffre-fort a safe
un policier infiltré an undercover cop

71. LE REPAIRE DES RAVISSEURS

Cinq minutes plus tard, Jacques et Claire sont dans le parking. Ils montent dans la voiture de l'inspecteur Gentil et ils partent là où ils pensent qu'ils trouveront Rosco. C'est un petit appartement dans un quartier en banlieue. Ils frappent à la porte pendant plusieurs minutes, jusqu'à ce que quelqu'un réponde...

Mme Jacob: C'est qui ? Je faisais une sieste !

Claire: Bonjour Mme Jacob. Je m'appelle Claire Gentil. *Inspecteur* Claire Gentil. On s'est rencontrées il y a une quinzaine d'années. Votre fils est chez vous ?

Mme Jacob: Mon fils n'est pas à la maison en ce moment. Il est sorti. Revenez un autre jour.

Claire: Madame, veuillez ouvrir la porte s'il vous plaît.

Mme Jacob: D'accord, d'accord. Entrez. Mais c'est vrai, mon fils n'est pas à la maison.

Claire: Est-ce qu'il y a quelqu'un d'autre ici ?

Mme Jacob: Non, non, je suis seule. Mon fils travaille. Maintenant, il a un emploi légal dans un supermarché. Il a tourné la page. Je ne comprends pas pourquoi vous êtes ici...

Claire: Madame... On ne vous dérangera pas longtemps. Je veux juste vous poser une question... Vous regardez toujours des dessins animés en faisant la sieste ?

Mme Jacob: Oh non !

Vocabulaire

monter to get in
faire une sieste to take a nap
veuillez would you please
tourner la page to move on
un dessin animé a cartoon

72. LE SAUVETAGE

De la porte, on peut voir une télévision allumée qui passe des dessins animés. Sur la table, il y a un verre de lait et des biscuits. Claire entre dans la maison et elle fouille les deux pièces. Dans l'un des placards, elle trouve une petite fille cachée.

Mme Jacob: C'est ma nièce ! On jouait à cache-cache.

Jacques: Vous ne venez pas de dire que vous étiez seule et que vous étiez en train de une sieste ?

Mme Jacob: J'ai oublié que ma nièce était à la maison. Pauvre petite, elle doit être cachée depuis plus d'une heure.

Claire: N'aie pas peur, petite... Je suis policier... et je suis aussi maman. Mon fils, Matthieu, a à peu près ton âge. Tu as quel âge ?

Mélanie: J'ai 6 ans.

Claire: Ah, eh bien mon fils n'a que 5 ans. Je suis sûre que vous pourriez être amis. Tu t'appelles Mélanie, non ?

Mélanie: Oui, comment tu le sais ?

Claire: Parce que ta mère m'a envoyé te chercher, tu veux qu'on aille la voir ?

Mélanie: Personne ne va blesser maman si je pars ?

Claire: Non, ma belle, bien sûr que non. Ne pleure pas. Tout ira bien...

Vocabulaire

un sauvetage a rescue
allumer to turn on
fouiller to search
un placard a closet
jouer à cache-cache to play hide and seek
à peu près about, approximately
blesser to hurt

73. RETOUR À LA MAISON

Jacques se charge d'arrêter Mme Jacob, qui refuse de dire où se trouve son fils. Elle dit qu'elle a organisé l'enlèvement toute seule. Pendant ce temps, Claire Gentil emmène la petite Mélanie chez sa mère.

Corinne: Ma chérie ! C'est toi ?

Mélanie: Maman ! Maman ! C'est moi, c'est moi.

Corinne: Viens là, ma chérie. Viens que je te prenne dans mes bras. Merci, merci, inspecteur. Je ne saurais jamais vous remercier suffisamment d'avoir ramené ma fille.

Claire: C'est mon travail, madame.

Corinne: Qu'est-ce qu'il arrivé aux hommes qui ont fait ça ? Ils ont été capturés ?

Claire: On a procédé à une arrestation. Cependant, il nous reste encore quelques personnes à arrêter. Pendant ce temps, vous bénéficierez d'une protection policière. Vous voyez ces femmes dans cette voiture ?

Corinne: Oui bien sûr.

Claire: Ce sont aussi des policiers. Elles ont ma confiance absolue. Elles surveilleront votre maison jour et nuit. N'ouvrez pas la porte à des inconnus et ne sortez pas s'il vous plaît. Si vous devez aller quelque part, dites-leur.

Corinne : Compris. Vous ne pouvez pas rester vous aussi ?

Claire : Je suis désolée, mais je dois aller arrêter les hommes qui ont fait ça.

Vocabulaire

suffisamment sufficiently
ramener to bring back
procéder à une arrestation to make an arrest
surveiller to watch

74. OÙ EST LA CARTE ?

L'inspecteur Gentil revient au commissariat de police, prête à dénoncer l'inspecteur Faure avec l'appui des preuves de la carte mémoire qu'ils ont trouvée à l'intérieur du tableau. Cependant, quand elle entre, Jacques lui annonce quelque chose.

Jacques: La carte mémoire ! Elle a disparu.

Claire: Quoi ?! Comment est-ce possible ? Tu m'as dit que tu étais le seul à connaître le code ?

Jacques: Oui, je ne comprends pas ce qui a pu se passer.

Claire: Où est-ce qu'elle peut être ?

Jacques: Je l'ai cherchée partout, mais elle n'est pas là. Quelqu'un a dû la prendre.

Claire: Faure doit être derrière ça.

Jacques: Chut... quelqu'un vient.

Vocabulaire

dénoncer to report
un appui a support

75. FAURE APPELLE

Tandis que Claire et Jacques parlent dans le couloir du commissariat, l'officier Moreau, l'un des hommes les plus proches de l'inspecteur Faure, s'approche d'eux.

Moreau: Gentil, Dubois.

Claire: Qu'est-ce qu'il y a, officier Moreau ?

Moreau: Faure veut vous voir immédiatement dans son bureau.

Claire: Bien sûr... Évidemment. Il est déjà là. On y va tout de suite.

Moreau: J'ai l'ordre de vous accompagner.

Claire: D'accord. Allez, Jacques. Mieux vaut ne pas retarder ça.

Jacques: D'accord.

Claire [chuchotant]: Sois très prudent, ça peut devenir violent. Garde ton arme à portée de main.

Jacques [chuchotant]: Compris.

Faure: Entrez et fermez la porte derrière vous.

Claire: Nous préférons laisser la porte ouverte.

Faure: Jacques, ferme la porte.

Jacques: Oui, chef.

Claire: Jacques, qu'est-ce que tu fais ?

Jacques: C'est fini, Claire.

Vocabulaire

avoir l'ordre de to be ordered to
retarder to delay
à portée de main within easy reach

76. UN RETOURNEMENT DE SITUATION

Claire et Jacques sont dans le bureau de Faure. Claire vient de réaliser que Jacques est impliqué dans les actes de corruption de Faure. Elle est vraiment surprise.

Claire: Toi aussi tu en fais partie ? Depuis toujours ?

Faure: Non, non. L'inspecteur Dubois est l'un de nos derniers ajouts à l'équipe. Je pense que c'est en fait grâce à vous, inspecteur Gentil, que Jacques a entendu parler de nos affaires. Dès qu'il a compris comment les choses se passaient ici, il est venu me voir pour rejoindre notre équipe.

Claire: C'est vrai ça ?

Jacques: Oui, c'est vrai.

Claire: Donc la carte mémoire...

Jacques: Je n'ai même pas de coffre-fort dans mon bureau.

Claire: Et quand ils ont kidnappé cette petite fille et que tu as poursuivi le criminel ?

Jacques: Je l'ai laissé s'échapper.

Claire: Et quand je t'ai trouvé dans l'immeuble en construction ?

Jacques : Eh bien, je t'ai trouvé, techniquement.

Claire : Tu étais le policier qui était avec Faure pour faire des affaires avec ces truands...

Vocabulaire

un retournement de situation a twist
un ajout an addition
grâce à thanks to
un truand a mobster

77. LES RAISONS

Claire, après avoir compris que son partenaire est corrompu comme son patron, demande des explications. Elle ne comprend pas ce qui l'a amené à prendre cette horrible décision.

Claire: Mais pourquoi, Jacques ? Pourquoi ? Je pensais que tu étais différent.

Jacques: Tu veux vraiment me faire croire que tu n'y as jamais pensé ? Que tu n'as jamais été tentée d'obtenir un peu plus que ce que le système te donne ? Je veux une vie meilleure, je veux vivre avec dignité.

Claire: On veut tous vivre mieux, Jacques. Mais je t'assure que tu ne trouveras pas la dignité de cette façon. Pourquoi est-ce que tu penses que ça te permettra de vivre mieux ?

Jacques: Tu me demandes pourquoi je cherche un revenu supplémentaire quand je risque ma vie tous les jours pour gagner le même salaire qu'un serveur ?

Claire: On travaille tous dans ces conditions, tu devrais le savoir.

Jacques: Et finir comme toi, à vivre à quarante ans dans un appartement horrible, avec une voiture d'occasion, à peine capable d'assumer que j'ai un fils ?

Vocabulaire

amener à to lead
permettre to allow
un revenu an income
une voiture d'occasion a used car
assumer to accept

78. L'ARME

Faure, qui était resté silencieux jusque là, sort quelque chose de sa ceinture. C'est une arme ! Claire est paralysée.

Claire: Inspecteur, qu'est-ce que vous comptez faire avec ça ?

Jacques: Un instant, patron. C'est pas un peu extrême ? Tout le monde au commissariat va l'entendre.

Faure: Silence ! Vous devriez vous taire un moment. Toi, Jacques, ne gaspille pas ton énergie à chercher des excuses : le système injuste, la dignité... On dit tous la même chose au début, mais plus tôt tu l'acceptes, mieux ce sera pour toi. Tu le fais pour l'argent, et parce que tu veux t'en tirer sain et sauf, tu aimes l'obtenir de manière simple et rapide, même si cela signifie le prendre aux autres.

Jacques: Mais je...

Faure: Et toi, Gentil. Tu te crois que meilleure que nous tous, avec ta morale irréprochable. Eh bien, mauvaise nouvelle, tu ne l'es pas. Après ça, tu n'auras plus jamais de promotion de ta vie. Tu auras le même salaire pendant encore vingt ans, puis tu prendras ta retraite. Ton fils ne sera plus à la maison, tu seras pauvre et seule, et tu n'auras personne à tes côtés qui saura à quel point tu étais un bon flic. C'est ça que tu veux ?

Claire: Mais...

Faure: Silence. Maintenant, je vais faire quelque chose que j'aurais dû faire il y a pas mal de temps...

Vocabulaire

une ceinture a belt
compter to intend
gaspiller to waste
s'en tirer to get away with it
sain et sauf safe and sound
irréprochable flawless
prendre ta retraite to retire
à quel point tu étais un bon flic how good of a cop you were
un flic a cop
il y a pas mal de temps quite a while ago

79. LES PREUVES DÉTRUITES

À ce moment, l'inspecteur Faure sort la carte mémoire de sa poche. Il la place sur le bureau et, avec la crosse de son revolver, il la frappe jusqu'à ce qu'elle soit en morceaux.

Claire: Non !

Faure: Si, maintenant il n'y a plus de preuves de ce qui s'est passé. Tu peux aller parler à qui tu veux, mais… Je ne pense pas que ça jouera en ta faveur.

Claire: Qu'est-ce que vous voulez dire ?

Faure: Tu ne te demandes pas où était Rosco cet après-midi, quand tu es allée arrêter sa mère ?

Claire: De quoi vous parlez ?

Faure: Après tout, il a beaucoup d'expérience pour « aller chercher » les enfants. Je me demande où est le petit Matthieu maintenant…

Claire: Quoi ?!

Jacques: Un instant, patron. Ce n'est pas ce dont on avait parlé.

Vocabulaire

détruire to destroy
une crosse a grip
un morceau a piece
jouer en ta faveur to work in your favour
se demander to wonder
après tout after all

80. L'ENLÈVEMENT

Faure a suggéré que le fils de Claire pourrait être en danger si elle ne collabore pas.

Claire: Vous êtes en train de me dire que... Rosco est allé chercher mon fils ?

Faure: Il le suit de près. Ah, regarde, je viens de recevoir un message. Il est actuellement avec la nounou dans le parc... Un faux pas, Gentil, et ton fils sera entre les mains de mon collègue.

Claire: Non, non ! Je vous en supplie, dites-lui de ne rien faire.

Faure: On verra... on doit d'abord résoudre tous les ennuis que tu nous as causé. Par exemple, on doit libérer Mme Jacob. Rosco était très en colère quand il a appris qu'ils l'avaient amenée au poste de police.

Jacques: Ne vous inquiétez pas, chef, je ne l'ai pas admise comme accusée d'enlèvement. Juste comme témoin. Elle est dans une des salles d'interrogatoire.

Faure: Ok, on va discuter avec elle et la renvoyer chez elle. Et toi, Gentil. Tu vas rester ici un moment. Je vais prendre ton téléphone portable, si ça ne te dérange pas. N'essaye pas de sortir. L'officier Moreau sera à la porte.

Vocabulaire

suggérer to hint
suivre de près to follow closely
un faux pas a misstep
je vous en supplie I beg you
libérer to release
admettre to admit
renvoyer to send back

81. ENFERMÉE DANS LE BUREAU

Claire est enfermée dans le bureau de Faure. La porte est verrouillée, et derrière la porte se trouve l'officier Moreau, qui vérifie qu'elle ne sorte pas. Claire essaie de lui parler, pour qu'il la laisse sortir.

Claire: Moreau, écoute-moi ! Si tu me laisses sortir et que tu avoues tout, il est possible qu'on te donne moins d'années de prison.

Moreau: Tais-toi ! Je ne te laisserai pas sortir d'ici. En plus, tu es la seule ici qui ira en prison.

Claire: Alors Faure pense m'inculper ? Je n'y crois pas ! Personne ne le croirait !

Moreau: Tu penses que le Commissaire Général te croira toi et pas lui, n'est-ce pas ? Je n'en serais pas si sûr. Faure est là depuis bien plus longtemps que toi. Il connaît plus de monde, il a plus de pouvoir.

Claire: Il a plus de pouvoir, mais il n'a aucune preuve contre moi. Il n'a rien contre moi !

Moreau: D'une manière ou d'une autre il y arrivera, ne t'inquiète pas. Maintenant tais-toi, si tu ne veux pas que ton fils soit blessé. Quelqu'un vient…

Vocabulaire

enfermer to lock up
avouer to confess
inculper to charge
un pouvoir a power
d'une manière ou d'une autre one way or another

82. MOREAU S'EN VA

Claire entend des pas s'approcher dans le couloir. Quelqu'un qu'elle ne connaît pas parle à Moreau.

Moreau: Qu'est-ce qui se passe ?

Officier: Faure m'a envoyé te chercher.

Moreau: Mais il y a un moment, il m'a dit de rester ici, que je ne devais pas quitter cet endroit.

Officier: Oui, il m'a dit que tu dirais ça, mais c'est urgent. On doit se rendre immédiatement au siège de la Police Nationale.

Moreau: Il t'a dit pourquoi ?

Officier: Non, il m'a dit qu'il ne pouvait pas me le dire au téléphone.

Moreau: Ok, allons-y. Toi, Gentil, ne pense même pas en rêve sortir d'ici. Rappelle-toi ce qui est en jeu...

Claire: Entendu, entendu.

Vocabulaire

un pas a step
un couloir a corridor
ne pense même pas en rêve don't even dream
ce qui est en jeu what is at stake

83. L'ÉCHAPPÉE

L'inspecteur Gentil attend un moment que Moreau et l'autre officier s'éloignent. Puis, sans hésitation, elle prend de l'élan et ouvre la porte d'un coup de pied. En évitant que quelqu'un la voie, elle sort en douce du bâtiment. Cependant, dès qu'elle sort, elle tombe sur...

Claire: Sophie ! Qu'est-ce que tu fais là ?

Sophie: C'est urgent... Tout à l'heure un messager est arrivé avec cette enveloppe pour moi. C'est écrit : « C'est pour Claire. Dites-lui QU'ELLE NE LE DONNE À PERSONNE cette fois ».

Claire: Étrange ! Qu'est-ce qu'il y a dedans ?

Sophie: Je ne sais pas, je n'ai pas regardé. Ouvre-le.

Claire: C'est la carte mémoire ! Mais comment c'est possible ? Faure l'a détruite. Mais oui, c'est la carte du tableau. Il y a même de la peinture dessus.

Sophie: Claire... Excuse-moi, mais je ne sais pas de quoi tu parles.

Claire: Ce n'est pas grave, je t'expliquerai en chemin.

Sophie: Où est-ce qu'on va ?

Claire: Sauver mon fils. Et ensuite, détruire ce corrompu de Faure !

Vocabulaire

prendre de l'élan to gather speed
sortir en douce to sneak out
tomber sur to bump into
ce n'est pas grave it doesn't matter
en chemin on the way
sauver to rescue

84. SUR LE CHEMI DU PARC

Claire court avec Sophie jusqu'à sa voiture. Lorsqu'elles montent, Claire allume les sirènes et file à toute vitesse vers La Villette, l'immense parc de Paris où Matthieu était avec sa nounou.

Claire: Sur la carte se trouvent des preuves de la corruption de Faure. Elle était cachée sous la peinture, dans le tableau !

Sophie: Au final tu avais raison ! Faure était impliqué dans tous ces crimes représentés dans le tableau !

Claire: Oui, dans ceux-ci et bien d'autres... Et maintenant, il a menacé d'enlever mon fils.

Sophie: Non ! C'est diabolique. Où est Matthieu ?

Claire: Aux dernières nouvelles, il était dans le parc avec sa nounou. Faure a pris mon téléphone, donc je ne peux pas l'appeler. On peut peut-être les rejoindre avant l'homme de Faure.

Sophie: Et après ? Comment on va l'arrêter ?

Claire: Avec ces preuves, on doit se rendre au siège de la Police Nationale et parler avec le Commissaire Général Fratelli. C'est la personne vers qui on doit se tourner pour ordonner l'arrestation de Faure.

Vocabulaire

filer à toute vitesse to rush off
au final at the end of the day
bien d'autres many more
menacer de to threaten
rejoindre to meet, to catch up
un siège headquarters
ordonner to order

85. QUELQU'UN A EMMENÉ MATTHIEU !

Après quelques minutes de conduite à pleine vitesse dans les rues de Paris, Claire et Sophie arrivent à La Villette. Elles se rendent directement à l'endroit où Matthieu se promène habituellement avec sa nounou. Après avoir cherché pendant un moment, ils trouvent Josiane, la nounou de Matthieu, marchant seule.

Claire : Josiane, où est Matthieu ?

Josiane : Bonjour Claire ! Ne t'inquiète pas, Matthieu va bien.

Claire : Où est-ce qu'il est !?

Josiane : Jacques est venu le chercher il y a un moment, comme tu me l'avais dit.

Claire : C'est moi qui t'ai prévenu de ça ?

Josiane : Oui, tu m'as envoyé un message depuis ton portable pour me faire savoir que Jacques viendrait chercher Matthieu, tu ne t'en souviens pas ? Juste après, Jacques est passé ici pour le chercher. Il y a un problème ?

Claire : Non... Aucun problème. C'est vrai, j'avais oublié ! Où ais-je la tête ces jours-ci ? J'ai vraiment besoin de vacances... D'accord, Josiane. Je rentre chez moi, alors, à plus tard.

Vocabulaire

une conduite a driving
faire savoir to let know
juste après right after
où ais-je la tête ? what am I thinking?

86. L'APPEL DE JACQUES

Claire revient à la voiture avec Sophie, sans savoir quoi faire ensuite.

Sophie: Bon, alors tout va bien. Matthieu est avec Jacques.

Claire: Sophie, il y a quelque chose que je ne t'ai pas dit…

Sophie: Quoi ?

Claire: Jacques… Jacques est avec Faure… C'est l'un d'eux. Il a vendu sa morale pour de l'argent.

Sophie: Ce n'est pas possible ! Un instant… ça veut dire que… Matthieu…

Claire: Oui, exactement.

Téléphone : DRIIIIIIIING !

Sophie: Regarde, c'est lui, Jacques ! Il m'appelle. Qu'est-ce qu'on fait ?

Claire: Donne-moi le téléphone, je veux lui parler. Allô ?

Jacques: Claire, ne t'inquiète pas.

Claire: Où est mon fils ?

Jacques: Du calme. Je suis sérieux, on est chez toi. Tout va bien. Viens ici et je t'expliquerai tout.

Vocabulaire

dring ring!
du calme calm down

87. LA RETROUVAILLE AVEC MATTHIEU

Claire et Sophie conduisent à toute vitesse jusqu'à l'appartement de Claire. Quand elles ouvrent la porte, Matthieu court dans les bras de sa mère et il lui fait un gros câlin. Jacques est assis sur une chaise dans la cuisine, en attendant.

Claire : Mon chéri !

Matthieu : Maman !

Claire : Comment ça va, mon chéri ? Tu vas bien ? Personne ne t'a fait mal ?

Matthieu : De quoi tu parles maman ?

Jacques : Claire, il faut qu'on parle.

Claire : Bien sûr qu'il faut qu'on parle ! Mon chéri, va jouer dans ta chambre un moment. On doit parler entre adultes.

Matthieu : D'accord ! C'était ce que j'allais faire de toute façon.

Jacques : Claire, je n'ai jamais été avec Faure ! C'était une enquête incognito. C'est moi qui ait envoyé la carte à Sophie et j'ai donné une fausse carte à Faure.

Claire : Une enquête ? Maintenant je comprends tout ! Ça me semblait impossible…

Vocabulaire

un chaise a chair
un câlin a hug
une chambre à coucher a bedroom

88. JACQUES EXPLIQUE TOUT

Claire, Jacques et Sophie discutent dans la maison de Claire. Jacques leur explique qu'il travaillait comme agent infiltré. Il travaillait incognito dans le groupe d'officiers de police corrompus dirigé par Faure.

Jacques: Excuse-moi, mais je ne pouvais pas te le dire avant. C'était absolument secret.

Sophie: Mais pourquoi tu ne l'as pas gardée au commissariat ?

Jacques: Cette carte contient les preuves les plus importantes contre Faure. Je devais les sortir de là. Je ne pouvais pas les garder avec moi parce que Faure est très paranoïaque ces derniers temps. Depuis l'histoire de la peinture, il sait que quelqu'un dans son équipe fait fuiter des informations, mais il n'a aucune idée de qui c'est ! Donc, de temps en temps, il contrôle nos poches et il vérifie qu'on ne porte pas de microphones.

Claire: Toi non plus tu ne sais pas qui fait fuiter les informations ? Qui a peint le tableau ?

Jacques: Aucune idée. Personne n'en sait rien.

Vocabulaire

un agent infiltré an undercover agent
contenir to contain
sortir to get out
ces derniers temps lately
fuiter to leak

89. LE RÉSEAU DE CORRUPTION

Jacques explique à Claire qu'en plus de Faure, le réseau de corruption sur lequel il enquêtait était beaucoup plus vaste.

Claire: Mais, une fois qu'on a eu les preuves grâce à la carte, pourquoi ne pas avoir dénoncé Faure à ce moment-là ?

Jacques: En réalité, il ne s'agit pas seulement de Faure. On veut arrêter tous les flics corrompus qui travaillent avec lui. J'avais encore besoin de temps pour obtenir les preuves d'autres personnes impliquées, mais maintenant j'ai tout ce dont j'avais besoin.

Claire: Et pour Matthieu ?

Jacques: Quand on est partis, Faure était sur le point d'appeler Rosco pour qu'il kidnappe ton fils, mais je l'ai convaincu que ce serait mieux si je le faisais. Je lui ai dit que je connaissais déjà le garçon et sa nounou, et que ce serait plus facile. Ça a été difficile, mais il a accepté. Comme ça, je pouvais m'assurer que Matthieu était en sécurité. Ensuite, j'ai appelé un des hommes de Faure en me faisant passer pour lui. Je lui ai donné l'ordre d'appeler Moreau de toute urgence... Comme ça tu as pu t'échapper.

Claire: Jacques, tu as sauvé mon fils !

Vocabulaire

un réseau a network
vaste extensive

90. LA PROMESSE

Claire serre Jacques dans ses bras, reconnaissante de ce qu'il a fait pour elle et son fils.

Jacques: Ok, maintenant on doit aller dénoncer ce corrompu.

Claire: Avant qu'il essaie de m'inculper moi.

Sophie: Claire, tu veux que je reste avec Matthieu ?

Claire: Oui s'il te plaît. Chéri ! Viens dire au revoir à maman. Tu vas rester avec tata Sophie pendant un moment. Ça te va ?

Matthieu: Pfiou ! Tu travailles toujours, maman.

Claire: Je te promets que si tout fini bien aujourd'hui, je vais prendre un mois entier de vacances pour jouer avec toi. Qu'est-ce que tu en penses ?

Matthieu: Génial !

Vocabulaire

serrer dans ses bras to hug
une promesse a promise
reconnaissant grateful
tata auntie
promettre to promise

91. AU BUREAU CENTRAL

Jacques et Claire vont jusqu'au bureau central de la Police Nationale, où se trouve le Commissaire Général. Cependant, une fois qu'ils ont passé les agents de sécurité et qu'ils sont entrés dans le bâtiment, ils remarquent quelque chose d'étrange…

Claire: Qu'est-ce qu'il se passe ? C'est très vide, non ?

Jacques: Oui, c'est très étrange. Hier, quand je suis venu ramener Rayons X, c'était plein de monde.

Claire: Où est passé tout le monde ?

Jacques: Silence, j'entends quelque chose !

Claire: Bonjour, il y a quelqu'un ici ?

Police: LES MAINS EN L'AIR ! LÂCHEZ VOS ARMES, VOUS ÊTES EN ÉTAT D'ARRESTATION !

Claire: Quoi ?

Police: LES MAINS EN L'AIR OU ON TIRE !

Vocabulaire

un bureau central headquarters
un bâtiment a building
où est passé tout le monde ? where is everybody?
les mains en l'air hands up
vous êtes en état d'arrestation you're under arrest

92. DÉTENUS

Une dizaine de policiers et de chiens policiers quittent leurs cachettes au siège de la Police Nationale. Ils ont des armes. Jacques et Claire lèvent les mains. Les policiers menottent Jacques et Claire.

Claire: Qu'est-ce qu'il se passe ? On vient voir le Commissaire Général Fratelli.

Commissaire Général Fratelli: Ne vous inquiétez pas, inspecteur Gentil, je suis ici.

Faure: Je vous avais dit qu'ils viendraient, Commissaire. Ils avaient un plan pour m'inculper de leurs propres actes de corruption.

Jacques: Mais inspecteur, qu'est-ce que vous dites ?

Faure: Je viens de faire écouter au Commissaire Général un enregistrement où on peut entendre ta voix, Jacques, défendant la protection aux criminels, probablement sous les ordres de l'inspecteur Gentil. Et maintenant que vous saviez qu'ils allaient vous arrêter, vous courez ici pour inculper les autres !

Jacques: J'étais un agent infiltré, pour vous inculper vous !

Faure: Ah oui ? Et où sont les preuves ?

Claire: Les preuves sont dans mes poches. Allez, vérifiez mes poches !

Commissaire Général Fratelli: Officiers, vérifiez les poches de l'inspecteur Gentil.

Vocabulaire

détenir to detain
une cachette a hideout
faire écouter to play back
un enregistrement a recording
une voix a voice

93. LA CARTE MÉMOIRE

Deux officiers s'approchent et contrôlent les poches de Claire. L'un d'eux, après quelques secondes, sort une petite carte mémoire tachée de peinture rouge.

Claire: Vous voyez ça, Commissaire Général ? Sur cette carte mémoire, il y a des dizaines d'enregistrements de l'Inspecteur en Chef Faure en négociation avec des mafieux et des criminels.

Faure: Ce n'est pas possible ! Ce n'est pas possible ! Ils n'ont rien contre moi.

Jacques: Pourquoi tant d'inquiétude, Faure ? Vous pensiez que vous aviez détruit toutes les preuves, pas vrai ? La vraie carte mémoire c'est celle-là. Ce que vous avez détruit dans votre bureau, ce sont les photos de mon voyage en Grèce l'été dernier... Au fait, ma copine va me tuer quand elle découvrira que j'ai perdu les photos.

Faure: C'est moi qui vais te tuer, Dubois ! Tu m'as trompé !

Vocabulaire

tacher to stain
un mafieux a mobster
pas vrai ? right?
un été a summer
au fait by the way

94. AU SOL

Faure, furieux, sort un pistolet et le pointe sur Jacques et Claire. Lorsque le Commissaire Général essaie de l'arrêter, il l'attrape et pointe le pistolet sur sa tête. Tous les policiers baissent alors leurs armes.

Faure: Tous au sol ! Vous, jetez vos armes loin !

Commissaire Général Fratelli: Qu'est-ce que vous faites, Faure ? Vous êtes fou ? Rendez-vous maintenant et n'aggravez pas les choses.

Faure: Silence ! Tous au sol ! Maintenant ou j'explose sa tête !

Claire [chuchotant]: Jacques, qu'est-ce qu'on fait ?

Jacques [chuchotant]: J'ai un plan. PRÊT !

Claire: Tu fais quoi ?

Faure: Silence ! Maintenant, je vais sortir d'ici très lentement et que PERSONNE ne me suive. Que tout le monde reste au sol, comptez jusqu'à cent.

Claire [chuchotant]: Il faut faire quelque chose ! Il est sur le point de s'échapper.

Jacques: Rayons X, ATTAQUE !

Vocabulaire

baisser to lower
un sol a floor
jeter to throw
se rendre to surrender
aggraver to make worse
chuchoter to whisper
que can be used to emphasize an order
compter to count

95. L'ATTAQUE DE RAYONS X

Quand Jacques lui donne l'ordre, Rayons X, qui était resté dans la pièce tout ce temps, saute et mord la main de Faure qui tient le pistolet. Faure essaie de se débarrasser de lui, mais Rayons ne le lâche pas. Après avoir lutté pendant quelques secondes, il arrive à lui faire lâcher l'arme. À ce moment-là, tous les policiers se lèvent, récupèrent leurs armes et les pointent sur Faure.

Police: Ne bougez pas, Faure !

Commissaire Général Fratelli: Rayons X ! Tu m'as sauvé... Enfin, Dubois, c'est toi, en réalité.

Jacques: Non, non, c'était Rayons X. Je lui ai seulement donné l'ordre. Il est très courageux, n'est-ce pas, bon garçon ? C'est qui le chien le plus courageux ?

Claire: Commissaire Général, je pense qu'il n'est pas nécessaire d'expliquer que Faure est la tête du réseau de corruption et qu'on a rien à voir avec tout ça.

Commissaire Général Fratelli: Bien entendu. Il y aura bien sûr une enquête, mais après ce que je viens de voir, je n'ai aucun doute sur la culpabilité de Faure.

Claire: Est-ce qu'on pourrait nous retirer les menottes, dans ce cas ?

Vocabulaire

mordre to bite
se débarrasser de to get rid of
lâcher to let go
se lever to stand up
une tête a head
bien entendu of course
une culpabilité a guilt

96. FAURE EST ARRÊTÉ

Un groupe de policiers menotte Faure, et enlève les menottes de Claire et Jacques.

Faure: Qu'est-ce que vous faites ?

Commissaire Général Fratelli: On vous arrête, Faure. Après ça, ne doutez pas que vous passerez le reste de vos jours en prison. Et pas seulement pour corruption, mais aussi pour ce que vous venez de faire. Allez emmenez-le !

Faure: Un moment ! Une minute ! Gentil, dites-moi qui c'était... qui était l'informateur ? Ça ne peut pas être Jacques, il n'avait pas ces informations... Qui c'était ?

Claire: Je suppose que vous resterez dans le doute, Faure. Vous aurez de quoi réfléchir en prison.

Faure: Nooon ! Dites-le-moi !

Commissaire Général Fratelli: Emmenez-le une bonne fois pour toutes ! Ok, maintenant qu'il est parti... Qui est cet informateur que Faure veut connaître ?

Claire: Sincèrement, Commissaire Général, nous n'en avons aucune idée. On sait seulement qu'il aime peindre.

Vocabulaire

passer to spend
avoir de quoi réfléchir to have food for thought
une bonne fois pour toutes once and for all

97. L'APPEL URGENT DE SOPHIE

À ce moment-là, le téléphone de Jacques sonne.

Jacques: C'est Sophie !

Claire: Laisse-moi lui parler... Sophie ! Tout va bien ?

Sophie: Non, ça ne va pas ! Ça ne va pas du tout, Claire !

Claire: Qu'est-ce qu'il s'est passé ? Matthieu va bien ?

Sophie: Oui, oui, il est ici avec moi dans le taxi.

Matthieu: Bonjour maman ! On va à l'hôpital !

Claire: À l'hôpital !? Sophie, il s'est passé quoi ? Un accident ?

Sophie: Non, non, c'est Alice ! Alice est sur le point d'accoucher !

Claire: Oh ! Calme-toi, Sophie, tout ira bien. On se donne rendez-vous à l'hôpital. Respire à fond !

Vocabulaire

se donner rendez-vous to meet up
respirer to breathe
à fond deeply

98. L'OFFRE

Quand Claire conclut l'appel, le Commissaire Général Fratelli s'approche.

Commissaire Général Fratelli: Tout est en ordre, Gentil ?

Claire: Oui, Commissaire Général. C'est une de mes amies qui est sur le point d'accoucher.

Commissaire Général Fratelli: Oh ! Évidemment. Allez la rejoindre... Mais d'abord... je voulais vous poser une question.

Claire: Bien sûr, dites-moi.

Commissaire Général Fratelli: Gentil, quels sont vos projets pour l'avenir ?

Claire: Qu'est-ce que vous voulez dire ?

Commissaire Général Fratelli: Eh bien, nous aurons bientôt besoin d'un nouvel inspecteur en chef pour occuper le poste de Faure. Je pense que quelqu'un avec un excellent parcours professionnel et une morale irréprochable comme la vôtre serait la personne idéale.

Claire: Oh ! Bien sûr. Eh bien... j'adorerais ! Mais seulement à une condition.

Commissaire Général Fratelli: Bien sûr, laquelle ?

Claire: J'ai besoin d'un mois de vacances pour le passer avec mon fils.

Commissaire Général Fratelli: Hahaha. Bien sûr, Gentil. La famille d'abord. Une fois terminé, le poste d'inspecteur en chef vous attendra.

Vocabulaire

conclure to conclude
évidemment of course
un parcours professionnel a career path
adorer to love

99. AU LOUVRE

Quelques semaines plus tard, Claire visite le Musée du Louvre avec Matthieu. Là, ils accrochent à nouveau la peinture mystérieuse des crimes. Sophie et Alice sont là, avec leur nouveau-né.

Claire: Oh, comme elle est belle ! Elle déjà très grande ! Regarde Matthieu, regarde comme le bébé est déjà grand. Vous avez décidé d'un nom ?

Alice: Oui ! Claire !

Claire: Oh ! Vous êtes sûres ? Pour moi, c'est un honneur.

Matthieu: Le bébé s'appelle comme toi, maman ? Je pense que c'est un très joli prénom.

Claire: Merci mon chéri… Des nouvelles du tableau ?

Sophie: Rien de nouveau… Mais la directrice a adoré l'idée de l'accrocher. Cette fois, on lui a envoyé une fiche à imprimer.

Claire: Ah oui ? Que dit la fiche ?

Sophie: Elle dit: « Auteur inconnu, huile sur toile et carte mémoire. Ce tableau a aidé à résoudre cinq crimes en une journée et à démanteler un réseau de corruption policière. » On pense vraiment qu'une fois que tout sera publié dans les journaux de demain, ce sera une énorme attraction.

Alice : Hé, regarde qui est là ! C'est Adam.

Vocabulaire

un nouveau-né a newborn baby
joli pretty
une huile an oil
une toile a canvas
démanteler to dismantle
énorme huge

100. LA VISITE D'ADAM

Adam, vêtu d'un long pardessus et d'un chapeau, s'approche du groupe. Après avoir salué tout le monde, il prend Claire à part pour discuter seul avec elle.

Claire: Bonjour, Adam. Ravie de te rencontrer en personne. Je voulais te remercier pour ton aide.

Adam: Eh bien, je n'ai vraiment pas beaucoup aidé à la résolution de ce mystère… jusqu'à présent.

Claire: Tu veux dire que… ?

Adam: Oui, ça a été difficile, mais on a découvert qui a peint le tableau.

Claire: C'était qui ?

Adam: Regarde… il est là. À contempler son propre travail.

Claire: C'est… C'est Lucas Faure ! Tu veux dire qu'il a accusé son propre père ?

Adam: Bien sûr. Après tout, tu ne ferais pas la même chose ?

Claire: Et tu penses qu'on devrait dire quelque chose ?

Adam: Sincèrement, je pense qu'il vaut mieux pour lui et sa famille que les choses restent ainsi.

Vocabulaire

un pardessus an overcoat
une résolution a solution
ainsi this way

101. LUCAS REÇOIT UNE INVITATION

Quand Lucas voit l'inspecteur Gentil, il s'approche d'elle. Il a l'air un peu triste, mais en forme.

Claire: Comment ça va, Lucas ? Je suis désolée pour ton père.

Lucas: Pas de problème, inspecteur… Je suppose qu'il le méritait.

Claire: Tu es allé le voir en prison ?

Lucas: Sincèrement, mon père et moi, on a jamais eu de très bonnes relations.

Claire: Je comprends… je te présente Adam. Je pense que vous pourriez bien vous entendre. Adam aime aussi beaucoup l'art.

Lucas: Bonjour Adam. Donc vous aimez l'art ? Moi j'aime beaucoup peindre.

Adam: Oui je le sais.

Lucas: Vous le savez ?

Adam: Oui, en fait, je fais partie d'un club très spécial et secret de gens qui… aiment l'art et nous en savons beaucoup sur vous. Nous pensions vous inviter à y participer, si ça vous intéresse…

Vocabulaire

être en forme to look fine
je suppose I guess
mériter to deserve
bien s'entendre to get along well

FIN

THANKS FOR READING!

I hope you have enjoyed this book and that your language skills have improved as a result!

A lot of hard work went into creating this book, and if you would like to support me, the best way to do so would be to leave an honest review of the book on the store where you made your purchase.

Want to get in touch? I love hearing from readers. Reach out to me any time at *olly@storylearning.com*

To your success,

Olly Richards

MORE FROM OLLY

If you have enjoyed this book, you will love all the other free language learning content I publish each week on my blog and podcast: *StoryLearning*.

Blog: Study hacks and mind tools for independent language learners.

www.storylearning.com

Podcast: I answer your language learning questions twice a week on the podcast.

www.storylearning.com/itunes

YouTube: Videos, case studies, and language learning experiments.

https://www.youtube.com/ollyrichards

COURSES FROM OLLY RICHARDS

If you've enjoyed this book, you may be interested in Olly Richards' complete range of language courses, which employ his StoryLearning® method to help you reach fluency in your target language.

Critically acclaimed and popular among students, Olly's courses are available in multiple languages and for learners at different levels, from complete beginner to intermediate and advanced.

To find out more about these courses, follow the link below and select "Courses" from the menu bar:

https://storylearning.com/courses

"Olly's language-learning insights are right in line with the best of what we know from neuroscience and cognitive psychology about how to learn effectively. I love his work!"

Dr. Barbara Oakley,
Bestselling Author of "A Mind for Numbers"

www.ingramcontent.com/pod-product-compliance
Lightning Source LLC
Chambersburg PA
CBHW021143080526
44588CB00008B/197